La vida también se piensa

Miquel Seguró Mendlewicz

La vida también se piensa

Epílogo de
Slavoj Žižek

Herder

Diseño de la cubierta: Dani Sanchis

© 2018, *Miquel Seguró Mendlewicz*
© 2018, *Herder Editorial, S.L., Barcelona*

1.ª edición, 2.ª impresión, 2020

ISBN: 978-84-254-4132-5

Imprenta: Prodigitalk
Depósito legal: B-2032-2018

Impreso en España – Printed in Spain

Herder
www.herdereditorial.com

ÍNDICE

Primum vivere deinde philosophari

¡Así que tú te dedicas a la filosofía!

Esta fue la observación, entre curiosa e incrédula, que dio comienzo a una sobremesa con filosofía. Hacía entre quince y veinte años que la mayoría de los comensales no nos veíamos. Sabedores de que este tipo de encuentros despiertan recelos con facilidad, se desconocía cuántos serían los asistentes a la cita. Al final fueron casi todos los invitados.

La cena comenzó con la clásica formalidad de quien no sabe exactamente cómo reaccionar. Hacía mucho tiempo que no nos veíamos. El tiempo y su paso generan complicidades donde no las hay y también difumina cotidianidades que antaño parecían incólumes. ¿Qué habrá sido de tal o cual persona? ¿Y de aquella de quien tanto se esperaba? ¿Y de aquel con quien nos llevábamos tan mal? Tras recurrir a los lugares comunes al recordar esta y aquella anécdota con tal o cual profesor y retrotraerse a los tiempos de la adolescencia, la conversación se encorseta de vez en cuando con lo que impera. A uno lo llaman de casa: los niños no quieren cenar; a otra, de la redacción: hay que cerrar una noticia y falta corroborar algún dato; y hay quien tiene que marcharse rápidamente a sustituir a un compañero que esa noche no puede hacer la guardia.

Sí, me dedico a la filosofía, aunque siempre me da reparo decirlo con estas palabras porque más bien considero que he podido tener la fortuna de emplear horas en el estudio de esta disciplina, su historia y sus protagonistas, lo que, como es obvio, no convierte a uno en experto en nada. De manera paradójica, la filosofía no fue precisamente una de las asignaturas que más me gustaba. Tenía un temario severo en exceso —me recordaron que decía—, y una colección de ideas raras y autosugestionadas que poco, por no decir nada, tenían que ver con mi realidad. ¿Qué había cambiado desde entonces para que ahora la tuviera en tan alta estima?

Este libro nace de aquella sobremesa. Una vez rebajadas las defensas y con los efectos socializantes del vino ya desencadenados *(¡in vino veritas!),* la cuestión de por qué uno puede dedicarse a la filosofía trajo consigo un debate coral. En la mesa había científicas, psicólogos, médicos e incluso artistas de diferentes ideologías políticas, sensibilidades sociales y creencias religiosas. Cada cual se preguntaba por qué alguien podía dedicarse a la filosofía desde su perspectiva, que en muchos casos desembocaba en una enmienda a la totalidad a su propia posibilidad. Desde las ciencias experimentales, la necesidad psicológica de ordenar las emociones o la fe religiosa se cuestionaba —nos cuestionábamos— qué sentido tenía hablar de filosofía en el siglo XXI.

Lo curioso fue que una sentencia enunciativa («así que tú te dedicas a la filosofía») pusiera en marcha semejante debate. Esto significaba que esta disciplina no resultaba indiferente, si bien despertaba una relación ambivalente: por un lado, les parecía curioso que alguien pudiera dedicarse realmente a ella —desde luego, ellos no lo harían—, pero, al mismo tiempo, eso les generaba perplejidad y querían comprender qué motivos podrían llevar a una persona a entregarse a tal disciplina.

Debo advertir que, en mi caso, no sé por qué lo hago, así que este libro no pretende ser una apología de nada. Mi experiencia me demuestra que no se trata solo de una trayectoria profesional o de una manera de ganarme la vida. Es, ante todo, una forma de estar en el mundo y de relacionarme con él. Pero ¿por qué precisamente la filosofía y no la escultura, la ciencia o la medicina?

Supongo que el hecho de crecer en un ambiente que ha propiciado el estudio lo ha facilitado, no hay duda. Aunque no es una relación de causa-efecto. Ni todos los que se dedican a leer e investigar nacen en entornos que lo fomentan, ni todos los que crecen en dicho entorno acaban destinando sus horas al trabajo intelectual. ¿Es por el tipo de preguntas que uno se hace por lo que acaba haciendo filosofía? Pues creo que tampoco. Ni todo el mundo que tiene preguntas «existenciales» le da comba a este saber —de lo contrario, todos nos dedicaríamos a la filosofía—, ni solo la filosofía sirve para canalizar y manejar tales preguntas. Entonces, ¿por qué uno se dedica la filosofía?

La pretensión aquí no es la de convencer a nadie de las bondades de la filosofía ni de su necesidad para afrontar la vida. Tampoco se trata de un libro de asesoramiento filosófico. El punto de partida es, precisamente, la curiosidad mostrada por personas de diferente índole por saber por qué uno puede interesarse por la filosofía. Por eso se estructura alrededor de una afirmación «tópica» que sirve para poner en tela de juicio la supuesta viabilidad de la reflexión filosófica —la filosofía es una paranoia; la ciencia lo demostrará todo; la religión responde las preguntas de la filosofía…— y que se aprovecha para ofrecer al lector un elenco mínimo de razones para discutir el sentido de cada una de esas afirmaciones. Queda a juicio de quienes lo lean decidir si los elementos críticos que se ofrecen rebaten, confirman o modifican su postura en relación con cada una de las afirmaciones de partida.

Como se trata de una invitación, una incursión temática e histórica de amplias miras al debate de los temas clásicos del pensamiento occidental, en ningún caso pretende cerrar las cuestiones puestas en liza. Eso constituiría, además de una vana pretensión, una irresponsabilidad filosófica.

El libro ha sido proyectado como una unidad, pero puede leerse también por capítulos, a modo de píldoras temáticas. La estructura de cada uno de ellos sigue un mismo patrón: a partir de un tópico «antifilosófico», cada capítulo propone un recorrido por varios autores, obras y etapas históricas —no solo del mundo de la filosofía— con el fin de contextualizar y encauzar de manera pertinente lo que dicho tópico pone sobre la mesa. Por ejemplo, para la pregunta de si la filosofía es un fenómeno colindante con la paranoia (primer capítulo) se expone la antropología psicológica de Sigmund Freud con el fin de vislumbrar por qué no puede ser catalogada de «paranoia». Para ello, tras considerar las críticas de Freud con respecto a la filosofía, nos apoyaremos en la mayéutica de Sócrates con el objetivo de tratar de desarticular el tópico.

Todas las incursiones en la historia de las ideas y de la cultura presentadas en estas páginas tienen como intención genérica dar relieve a la preocupación que lo atraviesa: ¿cuáles son los elementos concretos que hacen de la filosofía algo relevante para nuestras biografías? La huella personal o de autor se encuentra en la selección de tales referentes, de sus textos, en la intersección temática y hermenéutica de sus posiciones y, claro está, en la réplica que se da a cada uno de los tópicos.

Leer es recrear, sugería Nietzsche, y se recrea según la resonancia del propio halo vital, saliendo de uno mismo para luego regresar al propio hábitat. En consecuencia, toda exposición temática remite, por muy neutra que pretenda ser, a la propia vida. Así que la experiencia reflexiva no puede ser unívoca, igual para todos, ni tampoco interpretarse de la misma manera. La reconstrucción sucinta del itinerario histórico y filosófico que aquí se hace pide diálogo y contraposición; por eso la apropiación crítica, positiva o negativa, de lo que aquí se pone en juego es la finalidad última de estas páginas. Generar debate es lo que se pretende.

En cuanto a los agradecimientos, por la naturaleza de la obra se comprenderá que no son un mero cumplido. *Ex nihilo nihil fit,* así que lo que sigue no podría haberse escrito sin el influjo explícito, implícito, sutil o desapercibido de tantos y tantos: alumnos, amigos, familiares, profesores, personas anónimas y, por supuesto, libros, testimonios de vida. Como sería imposible mencionar a cada uno de ellos sin riesgo de cometer un injusto olvido, quien se reconozca en esta acción de gracias que lo haga con la conciencia tranquila porque seguro que acierta. ¡Muchas gracias!

Con todo, no puedo dejar de mencionar en especial a mis colegas, compañeros y amigos Lluís Duch, Joan-Carles Mèlich, Anna Pagès, Mar Rosàs y Francesc Torralba, pues saben que sin las sesiones de vivo intercambio que mantenemos con regularidad y el profundo respeto por la discrepancia que nos profesamos, mucho de lo que aquí se escribe no podría haber sido expresado.

Lo mismo vale para Marc Correa, Isaias Fanlo, Verónica García, Sara Jaurrieta, Francesc Núñez, Mario Meliadò, Ada Requena, Anna Serra, Just Serrano, Guillem Turró, Camil Ungureanu o Albert Viñas, con quienes el debate de las ideas se ha mezclado con el relato de las propias biografías, que es lo que toda filosofía de verdad debe ser: vida. *Gràcies!*

A Slavoj Žižek quiero agradecerle muy especialmente la generosa y positiva respuesta que ha tenido, una vez más, a mi solicitud de colaboración. Es una fortuna y un honor poder disfrutar del intercambio de ideas con él.

Los mismos que he tenido y tengo por poder compartir complicidades y divergencias con los compañeros y maestros Ignasi Boada, Manuel Cruz, Donatella di Cesare, Daniel Gamper, Anthony Giddens, Daniel Innerarity o José Antonio Pérez Tapias, de quienes no dejo de aprender en todo momento.

Por último, quiero dar las gracias a Raimund Herder, no solo editor, sino sobre todo interlocutor y amigo en la búsqueda de la *sophia,* por considerar oportuno publicar este libro, así como a todos los compañeros de la editorial Herder por su cálida, paciente y cordial colaboración.

Tossa de Mar
16 de noviembre de 2017
Día Mundial de la Filosofía

Todo lo que nos interpela tiene que ver con una experiencia personal, con algo que forja la memoria. En mi caso, el punto de arranque del interés por la filosofía se sitúa hacia los diecinueve años. Fue una época de bastantes cambios: había comenzado a estudiar humanidades en la universidad, había conocido a una chica que me había impactado profundamente y me sentía a las puertas del mundo adulto. Incertezas las había, sí, pero también curiosidades y anhelos. De repente, la noche de Navidad empecé a tener una extraña sensación de irrealidad. Se trataba de una experiencia nueva, rara, hasta desagradable, que me distanciaba del mundo, de los demás y de mí mismo. La vida era algo familiar y extraño a la vez, lo que me generaba bastante inquietud. Intenté no hacer mucho caso a esa incómoda percepción (ya pasaría) e ignorar las preguntas que con ella emergían: ¿qué es la realidad?, ¿quién soy yo?, ¿y los otros?, ¿tiene algún propósito vivir?, ¿existe Dios?, ¿por qué hay que morir?

Los días pasaban y las preguntas continuaban ahí. Y no solo eso, sino que persistían; me agobiaban bastante. Llegué a pensar que me estaba pasando algo enfermizo, que me estaba extraviando con cuestiones que el resto de personas, creía, no se preguntaba. Imaginé que todo aquello eran síntomas de que algo no iba bien en mi vida. Me convencí de que debía acudir a un psicólogo para descartar que estuviera aquejado de algún tipo de trastorno.

Con el tiempo, uno confirma que es usual que cuando una persona tiene una crisis de tipo personal le puedan sobrevenir preguntas de este tipo: interrogantes acerca de sí misma, de los otros, de los sucesos habidos y por haber…, en definitiva, de la vida en toda su magnitud. Como son cuestiones que rompen la cotidianidad, resulta fácil pensar que se trata de algo raro, de bucles paranoicos, en el sentido de que estamos seguros de que nuestros compañeros de autobús, los que nos anteceden en la cola del supermercado o los que colindan en un atasco de tráfico no las tienen. Solo falta, para agravar la situación, compartir estas preguntas con alguien que ponga cara de extrañeza y nos haga sentir todavía más excéntricos, más paranoicos.

Paranoia se compone del prefijo *para,* que significa «al lado» o «al margen», y *nous,* que podemos traducir por «mente» o «entendimiento». Una paranoia —dejando aparte consideraciones clínicas y psiquiátricas— se refiere a un relato mental que circula por unos derroteros que no tienen que ver con lo que sucede en realidad, que no la contacta.

¿A qué nos referimos cuando decimos coloquialmente que nos sentimos en un bucle paranoico? Se nos ocurren dos posibilidades: seguramente sintamos o asumamos que pensamos cosas que no forman parte de la realidad, que nos llevan a un evidente «más allá» mental y retorcido; o quizá sentimos que nos desubican de manera demasiado desagradable y, como eso genera vértigo e incerteza, es probable que no sea nada bueno planteárselas.

En el fondo, una y otra cosa se conectan entre sí y vienen a expresar algo que muchos científicos o investigadores positivistas llevan diciendo con rotundidad desde el siglo pasado, esto es, que muchas proposiciones de la filosofía metafísica no tienen sentido y denotan una relación paralela y alejada de la realidad. Por otro lado, hay quien incide en lo contrario, es decir, en que la capacidad creativa va de la mano de la puesta en duda de lo que se considera «normal». Al pretender curar el genio humano, en esencia, lo matamos.

Así pues, ¿qué hacer? ¿Entregarse a estos mundos extraños que parecen ajenos a la realidad que vivimos o, precisamente, introducirse en ellos para ver hasta qué punto la realidad en la que creemos vivir es de verdad «real»? ¿Hay algún modo de saber que seguimos estando en nuestros cabales?

Uno de los más críticos con este tipo de disquisiciones filosóficas y sus pretensiones especulativas fue Sigmund Freud. Nacido en el seno de una familia judía de Moravia en 1856, fue llevado por su familia, siendo muy pequeño, a Viena, ciudad que no abandonó hasta finales de la década de 1930 a causa de la presión de la Gestapo. Prácticamente pasó toda su infancia y su juventud en la capital de un imperio, el austrohúngaro, en clara decadencia y sumida en una profunda crisis de identidad, lo que sería decisivo para su labor médica.

El colapso social de un mundo que aparentaba prosperidad, pero que en realidad escondía muchas contradicciones, explica buena parte del desarrollo de su análisis psicológico. Viena había constituido el referente del «buen» gusto y el esplendor burgués. Las formas eran muy importantes y ofrecían estabilidad y estatus social a quien sabía jugar con ellas. Pero esto era solo en la superficie. Stefan Zweig, también vienés, retrata de manera muy gráfica el nivel de contradicción que se daba entre lo que se debía aparentar y lo que en realidad se vivía. Basta leer la primera parte de sus famosas memorias, tituladas elocuentemente *El mundo de ayer,* para darse cuenta de la tensión personal que eso generaba.

No es casualidad que justo en Viena comenzara a andar, a principios de los años veinte del pasado siglo, lo que se denominó el «Círculo de Viena». Sus miembros defendían una visión «científica» del mundo, afianzada en el empirismo y la inducción, y eran adversarios confesos de cualquier exceso intelectualista. El universo cultural estaba saturado de pomposos sistemas filosóficos y literarios que relataban mundos ficticios, alejados de la realidad fáctica de la vida, tanto social como personal.

La metafísica, la especulación filosófica acerca de la realidad y sus estructuras, representaba el punto central de su crítica. Considerada hija del idealismo platónico, establecía la existencia de dos mundos —el de las ideas, el realmente verdadero, y el de las realidades materiales, burdas copias de esa idealidad arquetípica— y ofrecía una versión gratuita y deficiente de la realidad. Para este Círculo, la única fuente de conocimiento se hallaba constituida por el mundo empírico y la única filosofía posible era la positivista, es decir, la que nace del empirismo y sus datos.

La existencia de este Círculo ofrece un testimonio del ambiente cultural que se vivía en Viena. Ante la crisis de identidad de una idea de civilización que ya no se reconocía a sí misma, había que buscar nuevas bases para la certeza y la verdad; la palabra la tenía ahora la ciencia. A ello hay que sumarle la experiencia de la Gran Guerra (1914-1918), que vino a corroborar la caducidad del modelo social, cultural y económico occidental del momento. Aunque hoy en día pueda parecernos un contrasentido, no pocos intelectuales y críticos sociales vieron en ese conflicto la posibilidad de una revolución, de un renacimiento vital a todas luces necesario. Hasta ese extremo llegaba el hastío.

La dinámica de la vida psíquica

En la actualidad, acudir al psicólogo no tiene por qué implicar que uno padezca un trastorno mental importante. Quien más y quien menos lo hace alguna vez en su vida, y va a consulta psicológica a hacer terapia. Incluso puede que nos situemos en el otro extremo y hayamos psicologizado todo de manera desmesurada. Ante cualquier dificultad o sensación de que lo que se siente no es «normal»,

uno acude al terapeuta en busca de la etiqueta pato-
lógica que así lo certifique, sobre todo si se trata de
infantes o menores. Pero más allá de estos excesos,
lo cierto es que Freud contribuyó de manera decisiva a visibilizar el malestar psicológico y a tratarlo
como algo que forma parte de la vida cotidiana de
personas que consideramos «normales».

Sigmund Freud se había doctorado en medicina en 1881, ejerciendo como médico residente en
el Hospital General de Viena de 1882 a 1885. No
obstante, su verdadero interés eran los desórdenes
mentales, en especial la histeria y la neurosis. En
ese tiempo se había popularizado la hipnosis para
tratar estas afecciones. Pero el alivio era relativo,
por eso Freud trató de desarrollar un nuevo método, el de la «asociación libre», que, con el tiempo,
constituiría el eje metódico de su nueva técnica
terapéutica: el psicoanálisis.

Sigmund Freud ha pasado a la posteridad como
el padre del psicoanálisis y sus escritos han dado
pie no solo a una multiplicidad de escuelas psicoanalíticas, sino sobre todo a una auténtica revolución cultural. Su influencia es palpable en muchos
campos: hay estudios sobre psicoanálisis y religión,
psicoanálisis y arte, psicoanálisis y política y hasta
psicoanálisis y neurociencia. La filosofía también
fue objeto de su atención, si bien no de una manera
sistemática como pudieron ser la religión o el arte.

La posición de Freud en relación con la filosofía
fue netamente crítica y cuando se refería a ella lo
hacía desde la sospecha. Es una dinámica que aleja

al ser humano de la realidad, sostenía, que construye un mundo irreal y claramente patológico, que funciona a modo de paranoia.

Para tratar de comprender qué motivos llevaron a Freud a pensar así hay que entender antes qué estructura psicológica y antropológica proponía. Dado que *El yo y el ello* es ampliamente asumido por los críticos como el libro capital para la metapsicología freudiana —que es como se conoce su sistema teórico de la psique—, conviene referirse a él.[1]

Publicada originalmente en 1923 —es decir, en el período de entreguerras, cuando la brutalidad del conflicto había desterrado toda esperanza de lograr el cambio cultural anhelado—, esta obra completa otro de los títulos más conocidos de Freud, *Más allá del principio de placer,* editado en 1920. El punto de partida, y premisa fundamental de la metapsicología freudiana, es la diferenciación entre lo consciente y lo inconsciente, con preeminencia para este último. La conciencia pasa a ser considerada como un estado transitorio, ya que la vida anímica está regida por múltiples energías que no siempre sabemos con certeza a qué se refieren. El acceso a los contenidos inconscientes, reprimidos o no, es casi siempre indirecto y multiforme, aunque Freud privilegió los sueños como vía de expresión e interpretación de las profundidades de la psique.

---

1   S. Freud, «El "yo" y el "ello"», en *Obras completas,* vol. iii, Madrid, Biblioteca Nueva, 1973.

La conciencia es la superficie, la punta del iceberg de todo el aparato anímico. Así que el «yo», que viene a ser la expresión de esa conciencia, no siempre es consciente; debe también participar de algún modo de esa parte inconsciente, de ahí que pueda ser el destinatario de esa energía que fluye desde instancias ignotas de nuestra estructura psicológica. Por ejemplo, es probable que al tiempo que el público lector va leyendo las páginas de este libro pasen por su mente imágenes y asociaciones de ideas autónomas que distraigan su atención. También suele pasar eso cuando uno acude a una exposición, cuando lo que observa es el punto de arranque de unas sensaciones, reacciones y consideraciones que discurren en paralelo a la imagen que está observando. En ambos casos se trata de interactuaciones del inconsciente en la pretendida vida consciente del «yo». Algo que emerge de las profundidades y aparece en el horizonte de la experiencia presente.

A esas profundidades las denomina Freud el «ello», que es donde rigen fundamentalmente dos instintos básicos:[2] por un lado, el *instinto erótico,* el más visible y accesible al conocimiento, que in-

2   Que sean instintos o pulsiones no es accesorio: instinto tiene una connotación más biológica. Freud se refirió a ambos, pero en relación al «eros» y al «tánatos» seguimos la traducción de López-Ballesteros, que propone instinto. Ciertamente no hay acuerdo entre los especialistas en este punto, pero hay que tener en cuenta, entre otras cosas, que en 1923 Freud escribió una carta al propio traductor felicitándolo por su trabajo.

tegra el instinto sexual y el de conservación; por el otro, el *instinto de muerte,* cuya meta es devolver lo orgánico a lo inorgánico, la vida a lo inerte, y cuya finalidad es *hacer difícil la vida.* Uno trata de construir, mientras que el otro busca destruir.[3]

«El *yo* representa lo que pudiéramos llamar la razón o la reflexión, opuestamente al *ello,* que contiene las pasiones».[4] Por eso cuando el estadio perceptivo se relaja y las defensas se reducen, lo reprimido, lo «irracional», aflora. Los sueños o los actos fallidos son testigos de este proceso.

Por otro lado, en el «yo» descubre Freud otra fase, diferenciada de este, que llama «superyó», y cuyo origen sitúa en el complejo de Edipo. El relato del parricidio más famoso de la historia de la cultura occidental, contado por Sófocles en el siglo V a.C., es tomado por Freud como modelo narrativo para explicar la situación original en la que se encuentra el niño. Siendo presa de sus instintos eróticos, que dirige hacia la madre de manera espontánea, debe lidiar con la presencia del padre. La figura masculina le es ambivalente: se trata de un ser amado y detestado a la vez, pues representa «un obstáculo opuesto a la realización de tales deseos».[5] La identificación con el padre se transforma en el deseo de suprimirlo para poder estar con la madre; así el niño se ve abocado de manera temprana a tener

---

3   S. Freud, «El "yo" y el "ello"», *op. cit.,* p. 2717.
4   Ibíd., p. 2708.
5   Ibíd., p. 2712.

que resolver un dilema que será fundamental para su estructura psíquica.

Freud llama «superyó» a esta dinámica original que se integra en la psique como un ingrediente esencial de la misma. Para él, el «superyó» no es únicamente el residuo de esas primeras elecciones fallidas de lo que demanda el «ello» (la madre), sino el ideal del «yo» que reacciona activamente contra ellas y advierte al propio «yo», como la alargada sombra del padre, contra ellas.

Cuanto más intenso sea el complejo de Edipo en el niño y el complejo de Electra en la niña,[6] más severo será para Freud el «superyó» y la conciencia moral y culpabilidad de él derivadas. Y dado que esta tensión radical en cada uno de los individuos también se proyecta en la religión, la moral y el sentimiento social, constituye el tamiz bajo el cual debe estudiarse la «cultura», expresión de este «superyó» social (*El malestar en la cultura,* publicado en 1930).

En suma, el «yo», que es un ser corpóreo, queda asediado por una dinámica contradictoria que rige toda su vida. Por un lado, el «ello», que lo bombardea de manera constante con unos instintos amorales, a veces constructivos y a veces destructivos, que lo impulsan a actuar de modo

6 Fue Carl Gustav Jung, primero discípulo de Freud y después creador de una de las escuelas psicoanalíticas no freudiana más notables, quien acuñó este concepto. Se trata, dicho de manera simplificada, de la trasposición femenina de la estructura edípica, intercambiando el objeto de deseo (en este caso, el padre) y la amenaza para su consecución (la madre).

indiscriminado a su servicio. Por otro lado el «superyó», que sustituye la fuerza coactiva y temida del padre en la infancia, la ley, y lo asedia con desagradables sentimientos de culpa. Para el «ello» el «yo» es solo un sumiso servidor que trata de adaptar el «ello» y sus instintos a las restricciones morales y naturales del mundo exterior. Asimismo, el «superyó», ajeno a estas relaciones entre el «yo» y el «ello», ejerce un poder despótico absoluto sobre el «yo» al sustituir la función protectora y amenazadora que desplegaba el padre en la infancia. Por decirlo de una manera gráfica, el «yo» es una especie de príncipe constitucional que debe legislar porque sin su sanción las leyes no pueden prosperar, «pero que reflexionará mucho antes de oponer su veto a una propuesta del Parlamento».[7]

Si conceptos como «inconsciente», «lapsus», «pulsión», «complejo», «neurosis» o «proyección» forman parte de nuestro lenguaje cotidiano es gracias al influjo de Freud. Pero para calibrar bien la propuesta freudiana hay que tener en cuenta el contexto en el que se da. El esquema de relación familiar se refiere a lo convencional de ese tiempo: un padre, una madre y un infante que desarrolla un juego de deseos y frustraciones a su alrededor. Un modelo muy «occidental» que, además de estar hoy en día en fuerte discusión, ya no es posible asumir como el único ni el mejor. No son solo los cambios sociales a los que asistimos los que ponen en duda la

7   Ibíd., p. 2726.

universalidad de esta concepción de la vida familiar, sino que la misma existencia de otros modelos de parentesco en otras partes del mundo hace que sea prudente no entender la figura del padre como algo tan literal. Más bien se refiere a la encarnación de una «ley», de una «norma» que interactúa con el fondo pulsional de la estructura del psiquismo.

Conviene observar, pues, que también el psicoanálisis está sujeto a las dinámicas propias que nos caracterizan como humanos, y que tiene, como principal tentación, la voluntad de explicarlo todo a partir de un esquema válido para todo y para todos. Un tic totalitario que es justo lo que Freud le achaca a la filosofía.

Filosofía como paranoia

Sigmund Freud se inscribió en la Universidad de Viena en 1873, donde, además de física, anatomía y demás disciplinas experimentales, tuvo la ocasión de asistir a los seminarios de filosofía de Franz Brentano, un conocido filósofo y lógico de la época. Freud jamás reconoció haberse sentido seducido por dicho saber, así que la causa de este interés habría que buscarlo en el hecho de que Brentano pretendía fundamentar su filosofía en una especie de ciencia empírica.[8]

8   P.-L. Assoun, *Freud, la philosophie et les philosophes,* París, PUF, 2005 [trad. cast.: *Freud: la filosofía y los filósofos,* Barcelona, Paidós,

Como disciplina, la psicología remite históricamente a la filosofía. Como la palabra indica, es el discurso o estudio del alma *(psyché),* uno de los temas más presentes en la historia de las ideas. Sin embargo, para Freud era justo lo contrario. Es la filosofía la que remite a la psicología, porque su estructura se explica por la relación interna que guarda con la estructura psicológica ahora descrita.

En concreto, pensaba que la filosofía adolece de un exceso de conciencia. A tenor de la importancia del inconsciente, su apreciación parece consecuente. Si lo que nos gobierna es el magma inconsciente de nuestras pulsiones, todo ejercicio de raciocinio debe ser relativizado y puesto en relación con este proceso. La oposición que establece Freud entre la psicología, tal y como él la entendía, y la filosofía es radical: una parte de la ceguera del inconsciente y la otra aspira a la lucidez de la razón.

En la filosofía detectaba un exceso de panlogismo, en el sentido de que se abre camino por medio de un uso desmesurado de la lógica, obviando muchas veces la exigencia empírica. La visión del mundo que desde aquella se elabora no deja de ser para Freud un gran ejercicio de creación que nada tiene que ver con la ciencia y sus métodos. Pensemos en Platón y su mundo de las ideas, al que luego prestaremos más atención. En sus diálogos, en los que Sócrates va discutiendo con diferentes

---

1982]. Se trata, sin duda, de un libro muy completo y al que nos remitiremos en esta parte.

conciudadanos acerca de distintos temas, se dibujan dos realidades: la material y visible, y la ideal e invisible. El mundo material, el que vemos, no es más que una copia, imperfecta, de las ideas, de modo que los ejemplares individuales que percibimos (un perro, por ejemplo) remiten a la idea fundamental y esencial que les sirve de modelo. La primera forma de realidad, constituida por las Ideas, representaría el verdadero ser, mientras que de la segunda, las realidades materiales o «cosas», hallándose en un constante devenir, nunca podrá decirse que verdaderamente es.

La naturaleza del estado y la política, la del alma, la de los afectos, la estructura del mundo y su generación, la esencia del lenguaje o la importancia de la educación reflejan esta estructura fundamental de idea-copia material. Y eso es precisamente lo que critica Freud. En reflexiones de este tipo detecta un imperialismo del discurso, del *logos,* que nada tiene que ver con el rigor del análisis empírico.

De hecho, Freud ve en la filosofía y en la religión el mismo vicio. Ambas aspiran a una explicación absoluta y homogénea de la realidad, una pretensión de totalidad a la que se opone el psicoanálisis, que él presenta como la ciencia de lo concreto y lo específico.[9] De esta forma, los que nos dedicamos a la filosofía compartiríamos sección en el hospital psiquiátrico con los sacerdotes, aquejados, por lo que parece, de la misma afección mental paranoide.

9   Ibíd., p. 107.

Sin embargo, ¿cómo estar seguros de que lo que propone Freud no es tan ajeno a la estrategia que persiguen los filósofos, es decir, que las tres instancias que afirma que estructuran la experiencia psicológica no son también arbitrarias y una gran construcción?

Es cierto que Freud decía oponer el empirismo y la cientificidad de sus indagaciones psicológicas a la filosofía y la religión. Pero ¿cuán sustentada a nivel empírico está su propuesta? No es que aquí queramos poner en duda la dinámica psicológica descrita por Freud, que nos parece muy atinada, sobre todo como modelo interpretativo de cómo sentimos los seres humanos, pero hay que subrayar que aún hoy este es uno de los reproches más recurrentes hechos al psicoanálisis desde ciertos puntos de vista científicos, en el sentido de que no deja de ser una «filosofía» más. La metapsicología freudiana sería, para algunas voces, pura idealidad.

Sin la pretensión de entrar en la cientificidad del psicoanálisis, algo a lo que en el siguiente capítulo haremos sucinta referencia, es importante decir que el origen o fundamento de su postura constituye la realidad del inconsciente. Y si es inconsciente, no puede demostrarse sino, a lo sumo, mostrarse. No deja de ser paradójico, ciertamente, que se pretenda acceder, por ejemplo, por mediación de los sueños, a la instancia de la que en teoría nadie sabe nada, lo «otro» de nuestra conciencia (el inconsciente). Pero para lo que aquí nos atañe, lo que importa es que el punto central de la crítica freudiana de la filosofía es su consciencialismo, es decir, la preeminencia de la vigilia sobre el sueño, de lo discursivo y estructurado sobre lo incomunicable y magmático.

El problema de la filosofía para Freud es la especulación, la fobia ante el poder del inconsciente y sus tentáculos; de la filosofía y otros tantos recursos defensivos que ordenan y jerarquizan la vida psíquica. Es el poder de controlar ese fondo impulsivo por medio de sutiles razonamientos y orfebrería conceptual para tapar, por medio del constructo racional, la realidad de la vida que late en su fondo. Es aquí donde Freud halla un paralelismo, un aire familiar,[10] entre filosofía y paranoia, entre la fe en unas ideas y su realidad y la vivencia directa del paranoico de que sus sospechas son reales.

La obra filosófica representa una inmensa estrategia que conviene analizar y diseccionar, advierte. Hay que ir más allá de la trama de razonamientos que contiene para ver qué impulsos se esconden tras ella. Desplegar una arqueología pulsional, es decir, el modo en que el conflicto de pulsiones configura el discurso, es lo que permitirá, para Freud, salvar al paranoico pensador de sus delirios filosóficos y, en última instancia, del deseo narcisista de controlar la realidad por medio del «sistema» de ideas, por esa especie de animismo de la razón[11] en la que se esconde el verdadero sujeto, mucho más

10   Ibíd., p. 27.
11   Ibíd., pp. 142ss.

débil y miedoso de lo que pretende aparentar. La cura freudiana para el vicio filosófico pasa por el diván y la deconstrucción de sus grandes teorías, defensivas, acerca del universo y la realidad.

La realidad de la filosofía

Y sin embargo, la filosofía siempre vuelve.

La irrupción del psicoanálisis fue espectacular. En 1910 se fundó la Asociación Psicoanalítica Internacional, lo que da noticia de la relativa rapidez con la que se consolidó tras la publicación en 1899 de *La interpretación de los sueños,* de Freud. Desde entonces, su propagación e influencia en la cultura europea del siglo XX fue creciente hasta el punto de constituir uno de los elementos imprescindibles que explican, aún hoy, el desarrollo cultural de nuestro entorno.

Pero el psicoanálisis no pretende ser solo una teoría explicativa antropológica; aspira también a poder ofrecer soluciones terapéuticas al malestar de los individuos. Por eso, dada la envergadura de lo que tiene entre manos, es fácil intuir que el éxito de la escuela psicoanalítica comportó la irrupción de muchas interpretaciones, y no pocas disensiones, dentro del propio movimiento que originaron muchas líneas y sublíneas de trabajo. Los austríacos Otto Rank y Alfred Adler, o el suizo Carl Jung, son los representantes más notables de esta diáspora en lengua alemana.

En Francia sobresalió la figura de Jacques Lacan, cuya interpretación de los textos de Freud a la luz de otros movimientos de su tiempo —sobre todo el estructuralismo— supuso una de las aportaciones teóricas de mayor calado al psicoanálisis. Francia continúa siendo uno de los países con mayor presencia del psicoanálisis en los círculos culturales. Uno de los filósofos galos de mayor peso del pasado siglo, Paul Ricœur, dedicó a Freud una obra monográfica y varios capítulos y estudios en los que subraya la capital y profunda influencia del psicoanálisis para la hermenéutica e interpretación de la cultura. De su pluma salió la elocuente descripción de Freud como uno de los «maestros de la sospecha».[12]

Para Ricœur, la senda de la sospecha la conforman tres críticos sociales: Karl Marx, Friedrich Nietzsche y Sigmund Freud. Lo que tienen en común estos tres colosos es la pretensión de desterrar la conciencia tal y como se había descrito hasta ese momento. La consideran falsa —de ahí lo de «sospecha»— y al servicio de intereses que nada tienen que ver con la verdad o el conocimiento de la realidad. De este modo, superan, o mejor, ponen en entredicho uno de los soportes tradicionales de la filosofía de la Modernidad. Si René Descartes operó en el siglo XVII un giro radical en la filosofía al dudar del mundo y sostener como única certeza posible la conciencia —el famoso «pienso, luego

12   P. Ricœur, *Freud: una interpretación de la cultura*, México, Siglo XXI, 2002, pp. 32-35.

existo»—, para Ricœur este tridente llevó la duda cartesiana al terreno mismo de la conciencia.

Con todo, no debemos interpretar esta *filosofía de la sospecha* como una destrucción sin más de las certezas clásicas. La crítica de la conciencia, del «yo», tiene que ver con una intención liberadora. Cada uno a su modo, puntualiza Ricœur. Marx ataca la economía burguesa que se deriva de esta asunción del «yo» como sujeto de derechos políticos. Nietzsche transmuta los valores y ataca la moral debilitadora y propone una nueva voluntad más fuerte que las máscaras que esconden las miserias de una vida inauténtica. Y Freud trata de denunciar la falsa seguridad y unidad del «yo» por medio de sus reversos inconscientes.

Buscamos el «yo» y nos topamos con el «ello». Tratamos de descifrar qué es lo que dirige nuestras acciones éticas y nos damos cuenta de que nos hallamos bajo la fuerza dominadora del «superyó». Ya sea que busquemos nuestros deseos, nuestros ideales o nuestra afirmación como seres autónomos, nunca podemos identificar al verdadero «yo»; se esfuma a través de sus manifestaciones. El freudismo, como sostiene Ricœur, es a fin de cuentas un realismo de lo inconsciente.[13]

En cuanto a las pretensiones de la filosofía, uno de los legados más geniales de Freud es sin lugar a dudas haber desenmascarado la estrategia del «principio de placer». Bajo las racionalizaciones, ideali-

13   Ibíd., p. 377.

zaciones y sublimaciones, su insaciable poder late con fuerza.[14] Pero el misterio existencial del «yo» ni se resuelve ni se eclipsa. Explicar las estrategias que nos imponemos de manera inconsciente comporta reducir las pretensiones de conocernos e interactuar con nuestras emociones y sentimientos, pero no resuelve la pregunta por el ser y la existencia de ese «yo», «alma» o «sujeto» porque hay algo o alguien que siente esas emociones, y son sus emociones, no las del prójimo, las que lo afectan. Que sea el inconsciente o la estructura de placer en este sentido, lo mismo da, pues todas estas instancias son de algo o de alguien. Tampoco el inconsciente, incluso para Freud, es impersonal. Es el «sujeto» el que tiene inconsciente, su inconsciente.[15]

Y ese alguien se pregunta por su propio enigma. Por eso las interrogaciones radicales están ahí, esto es, aquellas que se cuestionan no ya cómo es su realidad, sino por ella. Las mismas que llevaron a un servidor a preguntarse si estaba en un bucle paranoico: ¿por qué existimos?, ¿por qué existe lo otro?, ¿por qué el mundo es como es? O incluso, ¿por qué no controlo mi inconsciente?

Preguntas que puede que no lleven a ninguna parte desde una visión psicoanalítica y un verdadero quebradero de cabeza en función de cuándo irrumpen. Pero tarde o temprano aparecen. Son

14 Ibíd., p. 391.

15 P.-L. Assoun, *Introduction à la métapsychologie freudienne*, París, PUF, 1993, pp. 239-264 [trad. cast.: *Introducción a la metapsicología freudiana*, Buenos Aires, Paidós, 1994].

interpelaciones democráticas y republicanas que afectan hasta al más sabio de los sabios y que, cuando de verdad se cuestionan, ponen en entredicho la vida entera, lo cual puede suceder en cualquier momento, es decir, ante un suceso traumático, a la espera de una operación médica, ante un imprevisto, sentado en una plaza o esperando el metro. Va *de soi* con vivir, así que reprimirlas sí que puede resultar patológico.

Quien se dedique a la filosofía debe escuchar con atención todo lo que se le dice desde otros campos de reflexión, sobre todo si ello procede de los profesionales de la salud mental. Pero no es que la filosofía se empeñe en generar preguntas que no tienen que ver con la realidad, sino que tales cuestiones acompañan a la experiencia misma de lo que decimos que es la «realidad». Los niños en esto son muy diáfanos: llega un día en que preguntan cosas a sus padres que los ponen en jaque. Por mucho que se quieran dejar de lado o se cataloguen como «callejones sin salida», esas preguntas no van a desaparecer ni tampoco dejarán de ser menos sanas.

La cuestión de fondo es, pues, qué es filosofía. Y *a priori* no hay una respuesta clara, tampoco la que propone Freud. Filosofía puede ser la elaboración de una gran cosmovisión defensiva, ciertamente, pero también muchas otras cosas. Quizás el mismo psicoanálisis caiga en alguna parte en esa misma estrategia defensiva. Hay filosofías de muchos tipos: ateas, cristianas, materialistas, psicologistas…, pero también cínicas, posmodernas, prácticas. Es demasiado aventurado decir que toda filosofía es paranoica, y más si se hace desde una pretensión de «objetividad».

En este libro proponemos comprender este saber como una manera de estar en el mundo, una relación con las experiencias que uno va teniendo, construyendo o interpretando, y que tiene que ver con un deseo y con la voluntad de no conformarse con una primera explicación de las cosas si esta no aguanta una pregunta de peso.

¿Es la filosofía una paranoia? Aunque alguna vez pueda dar esa sensación, se constituye justo como la antiparanoia por antonomasia, como la insistencia por introducir preguntas allí donde reinan certezas, aunque sean en forma de sospechas institucionalizadas. De hecho, la propia genealogía del psicoanálisis y, en concreto, de algunos de sus conceptos centrales, como el «inconsciente», debe mucho a la historia moderna de la filosofía.[16] Sigue en pie la duda metódica de Descartes, no como vía para llegar al «yo», sino como su permanente cura de humildad; no para construir sistemas, sino para separar el grano de la paja, la filosofía de la ideología.

Sócrates —para muchos el padre de la filosofía occidental— es quien nos brinda el mejor ejemplo. Protagonista central de los diálogos de Platón, es el que pregunta, el que lleva al diván del *logos* a todo

---

16   Para Michel Henry el psicoanálisis no es un comienzo, sino una estación de llegada, producto de una historia de la conciencia en sentido no-moral que se inicia con Descartes (M. Henry, *Genealogía del psicoanálisis. El comienzo perdido*, Madrid, Síntesis, 2002).

pretendido sabio.[17] La práctica de la pregunta (la mayéutica) y la deconstrucción del sistema constituyen lo determinante del método socrático. Y en este punto, psicoanálisis y filosofía socrática no difieren tanto: ambos preguntan e insisten en dudar de las apariencias.

Es verdad que entre ellos hay importantes diferencias; si bien el psicoanálisis busca la disminución del sufrimiento psíquico, de Sócrates lo que nos ha llegado es que aspiraba al «Bien», con mayúscula. Pero el peligro de la propia grandiosidad llama a las puertas de las mejores casas. ¿O es que no incurre el psicoanálisis mismo en el exceso hermenéutico de sentirse superior a los demás cuando quiere pasarlo todo por su filtro?

Todo esto nos lleva a una certeza común: es muy complejo saber qué somos, de qué nos componemos y qué es lo que estructura nuestra mente y nuestro deseo. Además, puede que ni siquiera estemos buscando por donde debamos. Quizá todo esté en manos del gran ausente en lo dicho hasta ahora: el cerebro.

17   Rogeli Armengol, en su libro *El pensamiento de Sócrates y el psicoanálisis de Freud* (Barcelona, Paidós, 1994), lleva a cabo una interesante comparación metodológica y terapéutica de la técnica psicoanalítica y la praxis mayéutica socrática.

TODO LO ACABARÁ EXPLICANDO
LA (NEURO)CIENCIA

Hablar de psicoanálisis es referirse en primer lugar a Sigmund Freud. No en vano él acuñó el término en 1896. Pero la historia del psicoanálisis no se explica solo por la influencia de Freud. Mucho de su recorrido se nutre también de consideraciones críticas, incluso contrapuestas, a sus posicionamientos. Carl Jung o Alfred Adler, por ejemplo, propusieron interpretaciones diferentes a categorías freudianas como «complejo» o «individuo» que dieron pie a otros modelos para comprender el psicoanálisis.

La gran diversidad de matices que componen el gran árbol del psicoanálisis dificulta incluso poder hablar de una unidad semántica y de escuela. Y más aún si atendemos al amplio abanico de disciplinas y campos —religión, arte, política, sociología, antropología— en los que se ha tratado de llevar a cabo una aplicación de la técnica y la teoría psicoanalíticas. Algo que, sin embargo, refuerza aún más la tremenda importancia que tiene el psicoanálisis para explicar el imaginario cultural de nuestra sociedad. Y en un contexto creciente de mundialización podemos incluso aventurar que su influencia comienza a expandirse a otras culturas. Solo un dato: la Asociación Psicoanalítica Internacional, fundada por Freud, entre otros, en 1910, es la organización psicoanalítica que acredita y regula el ejercicio del psicoanálisis en todo el mundo. Sus miembros proceden de todo el mundo y colabora en asociación con otras organizaciones de más de una treintena de países en todo el mundo.

Aun así, la credibilidad del psicoanálisis también ha sido puesta en duda desde sus propios inicios. Sobre todo de la mano de la ciencia positiva, curiosamente la que más influenció a Freud, aunque no solo. También desde posicionamientos más científico-humanistas se han esgrimido importantes enmiendas al modelo explicativo psicoanalítico. La de Karl Jaspers (1883-1969), uno de los pensadores más transversales y polifacéticos del pasado siglo, es una de la más paradigmáticas.

Jaspers mostró interés por el psicoanálisis durante muchos años, pero cuanto más familiares le eran sus posiciones, menor credibilidad le transmitían.[1] Se refiere a él como una especie de creencia que se asienta en cinco grandes puntos: 1) todo lo que sucede en el hombre tiene su sentido interno, es decir, todo simboliza algo; 2) pretende ofrecer un conocimiento total a la experiencia humana; 3) el malestar psicológico se refiere a algún tipo de desorden evitable, de modo que se culpabiliza al ser

1   K. Jaspers, «Zur Kritik der Psychoanalyse», en *Rechenschaft und Ausblick. Reden und Aufsätze,* Múnich, Piper, 1951. Una consideración más amplia de la cuestión se puede encontrar en M. Bormuth, *Lebensführung in der Moderne: Karl Jaspers und die Psychoanalyse,* Stuttgart, Frommann-Holzboog, 2002.

humano de su mal; 4) por eso se asume, en mayor o menor medida, una visión *a priori* de lo que es la plenitud de una vida humana saludable; 5) entre sus partidarios se da una adhesión, casi fanática, a la causa del psicoanálisis.

A pesar de su dureza, las consideraciones de Jaspers no están faltas de razón, sobre todo en lo que respecta a la pretensión totalizadora de alguna de las perspectivas psicoanalíticas, uno de los vicios que Freud achacaba a la filosofía. A veces da la sensación de que se quiere explicar todo, de manera unilateral, encontrando mecanismos de defensa y racionalizaciones por todas partes. Por eso resulta comprensible que incluso para un autor tan ecléctico como Jaspers la praxis psicoanalítica pueda constituir un riesgo para la libertad y la salud anímicas de los que se someten estrictamente a sus directrices. Hasta para la praxis médica, dice, puede llegar a representar un elemento ruinoso.

Jaspers no era ni mucho menos positivista, así que estas críticas hay que entenderlas fuera del contexto cientifista. Su posición se explica por la concepción existencial que tenía de las ciencias experimentales. Doctorado en Medicina, su primer gran título fue *Psicopatología general* (1913), considerada todavía hoy una de las obras clásicas de la psiquiatría. En ella Jaspers trata de establecer los fundamentos para aplicar a la psiquiatría una visión fenomenológica y abierta a concepciones humanistas de esta ciencia, que no establece de antemano qué es o qué deja de ser lo humano.

Jaspers reconoció que el psicoanálisis era un faro, una luz para vislumbrar de qué modo la ciencia médica debía erigirse en ciencia médica del hombre. Lo que no compartía era el afán de totalidad que comportaba su técnica. Casado con una mujer judía y ferviente opositor al nacionalsocialismo y a todo sistema que pretendiera encorsetar la vida, la vocación de Jaspers no fue solo la de cultivar el saber humanístico en su vastedad, sino que luchó —hasta poner en riesgo su propia vida— por transformar su entorno social a través de la cultura. La psicología, la metafísica, la política, la historia, la ciencia, la medicina o la educación fueron objeto de su atención, junto con el anhelo de hacer del mundo un lugar más abierto, más humano.

La ciencia: un ideal emancipador

De diferente índole y sentido han sido los recelos esgrimidos en nombre de las ciencias experimentales, sobre todo las que parten de los progresos de las neurociencias.

Hablar de neurociencias siempre es arriesgado. Uno corre el peligro de quedarse atrás en un abrir y cerrar de ojos, superado por lo vertiginoso de los descubrimientos. Y más temerario es, si cabe, si quien lo hace proviene del mundo de las letras. ¿Cómo alguien de letras puede atreverse a hablar de cosas tan complejas como las neurociencias? Cierto; cada uno debe conocer sus límites y de qué modo puede intervenir en debates que en el fondo le quedan lejos. Así que, si atendemos al principio de prudencia más elemental, y para tratar de reducir el riesgo de pisar charcos innecesariamente, lo que aquí proponemos es un recorrido histórico y cultural de este desarrollo para tratar de comprender el porqué de su eclosión. Y es que no queda claro que el cientifismo que a veces destilan las disciplinas científicas tenga más de cultural que de evidencia, más de pretensión ideológica que de verdad irrefutable.

Trasladémonos unos cuantos siglos atrás. El complejo fenómeno de la Modernidad, período histórico que nace con el triunfo de las ideas antropocéntricas del Renacimiento (siglos XIV-XVI) y culmina con la Revolución francesa (1789), puede entenderse como el tránsito de una mentalidad teocéntrica —Dios como centro del universo— a una concepción de la realidad en la cual el hombre se erige como su principal rector. Un mundo de certezas se difumina —en poco más de cincuenta años se combinan el descubrimiento de América, la Reforma protestante y la revolución científica heliocéntrica— y la razón se convierte en el único aliado fiable del hombre para dilucidar qué opiniones son las acertadas.

Con la consolidación de la Ilustración (siglo XVIII), además, la razón científica se erige como garante fundamental del ideal de libertad y emancipación de las fuerzas cognoscitivas humanas.[2]

2 E. Cassirer, *Filosofía de la Ilustración,* Madrid, FCE, 1993, p. 15.

No era la primera vez que la ciencia se concebía como sabiduría irrenunciable —*scientia* proviene de *scire,* en latín, «conocer»—, pero sí era nueva la radical relación que se establecía con el ideal ético de libertad. Frente al discurso teológico, que hasta entonces se tomaba como el marco común de todas las disquisiciones antropológicas, cosmológicas, políticas y metafísicas, en la Modernidad se invierten los papeles y es la humanidad la que se erige como principal agente de su propio progreso y libertad.

Es el famoso giro copernicano, operado en última instancia por la filosofía de Immanuel Kant: del mismo modo que la Tierra ya no es el centro del universo, sino que a través del Sol se explica el movimiento de esta, el ser humano se sitúa como punto central del conocimiento. El hombre no solo interpreta la realidad, descubriendo las leyes mecánicas que la estructuran, sino que es capaz de interactuar con ellas para superar los límites naturales que le son impuestos y «progresar». Los incipientes desarrollos de la moderna medicina, la ingeniería de vehículos o la arquitectura remiten a esta época.

El hombre moderno se sentía con fuerzas. Había descubierto su poder y su capacidad de poner todo bajo la luz de la razón. *Ratio,* que significa «cálculo», era la primera evidencia, lo incuestionable, de manera que todo tenía que pasar por su filtro. No se necesitaba ningún «dios revelado» para explicar o estructurar el mundo, así que la tradición perdía relevancia frente al futuro abierto del hombre y los límites de su mundo. Precisamente de los albores de la Modernidad datan los viajes de Cristóbal Colón a América.

A la Edad Moderna le sucedió el siglo xix, y con él se afianzó el positivismo. Para esta concepción del mundo el único conocimiento auténtico es el empírico. El positivismo se consolidó a principios del siglo xix en Francia e Inglaterra y rápidamente se extendió y desarrolló por el resto de Europa al popularizar la idea de que todas las actividades filosóficas y científicas debían efectuarse únicamente en el marco del análisis del método científico, que es el de los hechos reales verificados por la experiencia.

Auguste Comte (1798-1857), principal impulsor del positivismo en Francia, dividía la historia en tres grandes estadios, sucesivos y progresivos, por los que pasa la humanidad. En primer lugar, estaría el estadio teológico o ficticio, en el cual la explicación de los fenómenos del mundo se hace por medio de entidades sobrenaturales y míticas y donde el modelo político preferido es la teocracia. A este le sigue el metafísico o abstracto, en el que la explicación de la estructura del mundo se lleva a cabo por medio de entidades abstractas. Por último llegamos al tercer y último estadio, el científico o positivo, en el que son leyes positivas y verificables las que dan forma a la explicación de los fenómenos del mundo, y donde el modelo político que domina es la tecnocracia científico-industrial.

Según este esquema, el desarrollo humano es proporcional al avance científico-técnico, un ideal que aún hoy goza de mucho crédito. En la actualidad se habla casi utópicamente de *transhumanismo,* un término acuñado en 1927 por el biólogo Julian Huxley que en su vertiente tecnocientífica designa la voluntad y el convencimiento de que la especie humana puede trascenderse a sí misma y superar por medio de la tecnología sus límites biológicos. El *biomejoramiento (ciber)humano,* su *leitmotiv,*[3] es toda una declaración de intenciones.

El cerebro como teatro del mundo

En esta misma línea podría parecer que la mentalidad positivista está detrás de la eclosión de las neurociencias. Pero la historia de la neurociencia se remonta a unos cuantos siglos atrás, a los albores mismos del conocimiento.[4] Ya en la Antigüedad clásica, filósofos y científicos se preguntaron por el lugar en el que se encontraban las funciones sensoriales, motoras y mentales del ser humano. La mayoría de ellos decían, como Empédocles o Aristóteles, que era en el corazón, una concepción antropológica que provenía del antiguo Egipto y

3   A. Diéguez, *Transhumanismo: la búsqueda tecnológica del mejoramiento humano,* Barcelona, Herder, 2017, pp. 19-50.

4   C. Blanco, *Historia de la neurociencia. El conocimiento del cerebro y la mente desde una perspectiva interdisciplinar,* Madrid, Biblioteca Nueva, 2014. El libro, que aquí tomamos como guía para nuestra exposición, es un excelente compendio de la evolución de esta disciplina. Su lectura es más que recomendable.

que explica, por ejemplo, el origen etimológico del verbo «recordar» (*cor,* «corazón»). Otros, como Hipócrates, consideraban que era el cerebro el centro de gravedad de dichas funciones.

No hay que ser muy perspicaz, con todo, para saber apreciar una relación directa entre el desarrollo del positivismo y el avance del conocimiento neurocientífico. El siglo XIX es el gran punto de arranque de lo que hoy se considera neurociencia. Con el descubrimiento de la localización de la función cerebral en el córtex y la estimulación eléctrica en dicha zona se ponían las bases para el estudio autónomo de la actividad cerebral que anticipaba el gran hallazgo: la neurona.

Fue Santiago Ramón y Cajal quien extendió la idea de que el cerebro posee, como unidad estructural y funcional, su propia célula. A partir de ahí era posible explicar la interconexión de esas neuronas por medio de un intercambio químico que implicaba la existencia de unos neurotransmisores que lo permitiesen. Con el establecimiento de esta red de conexiones (sinapsis) se abría un nuevo modo de interpretar el aprendizaje o la memoria a través del reforzamiento o debilitamiento de dichas conexiones.

En 1906 Ramón y Cajal fue galardonado, junto con Camillo Golgi, con el Premio Nobel de Medicina, lo que corrobora la importancia de su descubrimiento. Sin su aportación, la fisiología cerebral no se entendería y no hubiera dado pie al estudio de cómo se comportan las neuronas.

Sin embargo, sus descubrimientos no aclaraban de manera rotunda cómo funciona el cerebro. Por eso aún hoy hay dos escuelas: una reduccionista, que está convencida de que, en el fondo, la realidad cerebral es explicable por la unidad sistémica celular y su comportamiento, y otra holística, que enfoca la dinámica del cerebro a partir de un proceso interdisciplinar y de interacción funcional que da pie a complejidades que trascienden las partes del propio órgano. Es decir, que mientras el enfoque reduccionista lo descompone todo (sistema) para llevarlo a su punto original (cerebro), la perspectiva holística desliga el todo funcional (sistema) del sustrato que lo genera (cerebro).[5]

En todo caso, lo que sí está claro es que el descubrimiento de la neurona ha hecho que la conciencia, la sensibilidad, el lenguaje o las emociones no puedan afrontarse sin una revisión neurocientífica adyacente, lo que también vale, como es obvio, para el psicoanálisis.

Al respecto, el biólogo e investigador alemán del cerebro Gerhard Roth ha publicado recientemente un libro de elocuente título: *Cómo el cerebro produce el alma*.[6] En él se recogen algunos de los últimos avances más importantes en relación con el conocimiento del funcionamiento de dicho órgano y algunas críticas a otros modelos explicativos de

5   Ibíd., pp. 87*ss.*

6   G. Roth y N. Strüber, *Wie das Gehirn die Seele macht,* Stuttgart, K. Cotta, 2015.

la realidad anímica del hombre, entre las cuales se halla la del modelo psicoanalítico freudiano.

Roth subraya como primer dato que Freud comenzó su carrera como médico y conoció de primera mano los modelos fisiológicos para explicar la realidad psicológica. Por eso, recuerda, Freud consideró posible ofrecer una explicación «científica» de la dinámica psíquica a partir del inconsciente, a cuyo contenido solo se puede acceder de manera indirecta por medio de los sueños. Para Roth, lo inconsciente no se puede hacer consciente por un proceso de este tipo, ya que al hacerlo se deja de reprimir su contenido, operándose con ello de algún modo un cambio hasta ahora no contrastado. A la luz de los diferentes progresos que las neurociencias aportan, lo que debería llevarse a cabo es una revisión de sus posicionamientos, sobre todo en lo que se refiere a la realidad de los instintos.[7]

¿Fue Freud un mal médico? Sería injusto decir que sí. El concepto de medicina de la época, y también el de Freud, contenía elementos que hoy consideraríamos románticos, y se hallaba repleto de elementos abstractos y especulativos que eran más intencionales que empíricos. Pero era la tendencia de su época. Por eso Roth insiste en actualizar el paradigma mediante los modelos que hoy manejamos a la luz de lo que sabemos ahora. El punto de partida debe ser el de la realidad cerebral, así que toda explicación anímica en función de

7   Ibíd., pp. 299-368.

posicionamientos que no remitan a una realidad física contrastable debe ser puesta en cuarentena. La realidad del «alma», por ejemplo, no tiene que ver con algo divino, más allá de lo físico. Roth la explica *por* y *a través de* la realidad cerebral que la permite. Muerto el cerebro, extinguida el «alma».

¿Significa eso que lo que proponen otras lecturas menos fisiológicas de la realidad psíquica, como pueda ser el psicoanálisis, no son válidas? Si hacemos caso a Roth debemos responder que tampoco, aunque eso no debe comportar la aceptación de elementos tan discutibles desde un punto de vista neurobiológico como la interpretación de los sueños, la teoría de los instintos fundamentales o el complejo de Edipo. Todo lo que no venga con refrendo empírico debe ser desechado, recuerda. En cambio, procesos como la gestación de estructuras de amnesia de experiencias infantiles indeseadas o algunas dinámicas de interpretación del dolor anímico muy centrados en procesos traumáticos concretos que sí lo llevan pueden considerarse suficientemente avalados como para ser asumidos como aportaciones científicas.[8]

Sorprendentemente, Roth no se tiene por un científico reduccionista. En una entrevista de 2014 concedida a *Der Spiegel* considera que, si bien el «alma» es una estructura cerebral que se explica por la misma evolución —de ahí que los animales también tengan alma para Roth, en el sentido de

8 Ibíd., p. 379.

que probablemente compartan una conciencia del mundo y una conciencia de sus emociones, como los humanos—, la reflexión acerca de lo que somos para nosotros mismos está siempre ahí.

Pero la pregunta que habría que hacerle es si esta reflexión trasciende el juego sináptico o es producto del mismo, porque, si se trata de lo segundo, en el fondo su no reduccionismo no lo sería tanto, ya que vendría a decirnos que las ciencias no experimentales (sociales, humanísticas) tienen sentido siempre y cuando no interfieran con los postulados de las ciencias biológicas. Una concepción jerárquica del conocimiento en la que lo fundamental y decisivo se juega siempre en el campo de la neurofisiología.

El misterio del «yo»

El *quid* de la cuestión se halla, pues, en la explicación de la conciencia. La historia de las ideas conoce bien la disputa: es el problema mente-cerebro, en el que precisamente René Descartes desempeña un papel importante. Frente al dilema de la relación entre lo físico (el cerebro) y la percepción interna de una vida propia, la «mía» o la «tuya», que se tiene por única (la mente), caben dos posiciones fundamentales: por un lado, el dualismo, que, como su nombre indica, es la asunción de dos realidades no reducibles una a otra. Según el matiz, hablaremos de uno u otro modelo dualista: el que privilegia una parte sobre otra —Platón primaba lo ideal frente a lo material—;

el que subordina lo mental a lo físico —Thomas Huxley consideraba que existía lo mental, pero que venía determinado por lo corporal—; o el que propone una interacción de ambos —la posición del propio René Descartes—. Y por otro lado, el monismo, que sostiene que solo hay una realidad, que no tiene por qué ser forzosamente material.

Asimismo está lo que se denomina el «idealismo subjetivo», ejemplificado por George Berkeley, un obispo irlandés del siglo XVIII que sostenía que la materia no existe sino como realidad percibida; es decir, que el mundo es una percepción subjetiva, nada más —aunque pueda parecer absurda, su posición tiene una lógica interna de difícil refutación: si uno cierra los ojos, en verdad desaparece el mundo; sospecha que continúa ahí, y que una vez los vuelva a abrir hallará lo que antes tenía: la bicicleta, el coche, la casa, pero, a ciencia cierta, el mundo desaparece.

Y también está el «monismo materialista», sin duda el más extendido y el más cercano al paradigma positivista, que afirma que lo único que hay es la materia. Sus clásicos referentes en Occidente son los griegos Demócrito, Epicuro, los modernos Spinoza y Hobbes, los posilustrados Schopenhauer y Marx o los más contemporáneos Deleuze y Mario Bunge. Es verdad que, como ocurre con el dualismo, hay matices: hay materialistas estáticos y materialistas dinámicos —que consideran que los sistemas complejos emergen de la materia pero no son reducibles a sus partes—. Incluso hay quienes aplican la lógica informática a la explicación de la interacción entre la materia y los sistemas que genera. Pero en todos ellos se da la convicción compartida de que la materia es la auténtica realidad.

António Damásio, director del Brain and Creativity Institute (Estados Unidos) y autor de importantes obras de investigación y divulgación de neurociencia, es una autoridad mundial en lo que concierne al estudio fisiológico de la conciencia. Su posición es materialista, por eso trata de explicar la conciencia a partir del axioma siguiente: «el sí mismo como sujeto que conoce se fundamenta en el sí mismo como objeto».[9]

La importancia y relevancia de sus aportaciones fueron reconocidas públicamente al ser galardonado con el Premio Príncipe de Asturias de Investigación Científica y Técnica en 2005. Se condecoraba una trayectoria que empezó a ser reconocida con su libro *El error de Descartes*, de 1994, donde retoma la discusión cartesiana acerca de la dualidad de realidades (alma, cuerpo). Para Damásio no se puede separar la emoción de la razón, es decir, la dimensión fisiológica, corporal, de la mental. No hay una racionalidad pura que pueda prescindir de las emociones —este es el error de Descartes—. Al revés: la razón está afectada por una serie de emociones que condicionan de manera decisiva sus derroteros, entendiendo por «emoción» corporalidad, fisiología.

9   A. Damásio, *Y el cerebro creó al hombre. ¿Cómo pudo el cerebro generar emociones, sentimientos, ideas y el yo?*, Barcelona, Destino, 2010, p. 29.

La premisa principal para Damásio reside en que el cuerpo es el fundamento de la mente consciente, y el cerebro, órgano adherido al cuerpo, mantiene una relación privilegiada con el cuerpo a través de los sentimientos primordiales. Queda desterrado así todo tipo de dualismo: los estados mentales y los cerebrales son equivalentes. Estas sensaciones elementales de la existencia surgen de manera espontánea en lo que luego será el *sí mismo*. A partir de ellas, y a través de un proceso reflexivo central, el sí mismo se va ocupando poco a poco de la acción.

La incesante generación e interacción de mapas que estos sentimientos provocan en el cerebro da pie a la mente. Solo más tarde, y como tercer momento, se construye el relato autobiográfico, que une en una misma secuencia las diferentes dimensiones del tiempo. La conciencia humana es, pues, el producto de un largo proceso que se da en muchas partes del cerebro y que se articula como una gran sinfonía. El modo en que el mismo se lleva a cabo no lo conocemos al milímetro, pero la incapacidad que aún tenemos para explicar completamente cómo se produce no representa un obstáculo para que Damásio sostenga que se debe a un proceso dinámico de regulación biológica (homeostasis), similar al que se produce en las células más simples.

¿Significa esto que la cultura no tiene más sentido que ser un apéndice de lo biológico? Damásio lo niega. Al revés, subraya que cada día hay más evidencia de que los cambios culturales tienen un impacto directo en la estructura del genoma, de manera que si bien para él la conciencia se funda en lo biológico, esta no inventa el *valor* biológico. Por eso se muestra cauto: «naturalizar la conciencia y asentarla firmemente en el cerebro no supone, sin embargo, minimizar el papel que la cultura desempeña en la formación de los seres humanos, ni rebajar la dignidad humana, ni marca el final del misterio, la perplejidad y el desconcierto».[10]

Esto choca de manera frontal con la creencia popular de que la neurociencia se basta a sí misma para explicar satisfactoriamente cualquier fenómeno y de que todo deba tener su correlato neuro: neuroeconomía, neuromarketing, neurofilosofía. Incluso hay una sociedad internacional de neuropsicoanálisis que, fundada en el año 2000, organiza anualmente un congreso internacional y edita su propia revista.[11] Parece lógico: dado que de una u otra manera todo remite al cerebro, nada más obvio que centralizar los esfuerzos en estudiar de qué modo este órgano procesa las experiencias que queremos estudiar.

Pero ¿de verdad es tan lógico? Sería muy tentador hacer *neuro* de la neuro; una especie de juego

10   Ibíd., pp. 57-58.
11   Damásio es, de hecho, uno de los neurocientíficos más conocidos y respetados en el ámbito psicoanalítico [S.A. Merciai y B. Cannella, «La "naturale alleanza" tra neuroscienze e psicoanalisi», *Plexus,* 11 (2014), p. 73]. La explicación de esta sorprendente simpatía seguramente se deba a que Damásio sostiene que el psicoanálisis puede ofrecer a las neurociencias una mejor comprensión de la importancia del mundo emocional para el misterio del «yo».

circular donde uno estudiara el cerebro mientras se percibe sabiendo que se percibe. La búsqueda de la sinapsis que explica la sinapsis. Sí, sería tentador, aunque resulta dudoso llegar a valorar qué conseguiríamos con ello. ¿Describir, o a lo sumo explicar, un proceso fisiológico? ¿Sería eso suficiente para dotar de fundamento científico a esta neuromanía? ¿O más bien habría que buscar las razones de dicha actitud más allá del microscopio?

Más allá del microscopio

Queremos saber todo acerca del cerebro. También de otras cosas, pero sobre todo del cerebro. ¿Por qué? ¿Qué nos fascina tanto? ¿La posibilidad de saber, cuanto más mejor, sobre un órgano indispensable para la vida humana? ¿Dar con la piedra filosofal que explique no solo el cerebro, sino el misterio de nuestra vida?

El interés por la especie humana y sus expresiones biológicas viene alentado por fuerzas anímicas que las ciencias experimentales también asumen. Es lo que el filósofo alemán Markus Gabriel sintetiza en la pregunta «¿libertad espiritual para escanear el cerebro?», planteada al poco de iniciar su libro acerca de la conciencia.[12] Quienes construyen la ciencia son científicos, personas capacitadas y pre-

12   M. Gabriel, *Yo no soy mi cerebro. Filosofía de la mente para el siglo XXI*, Barcelona, Pasado y Presente, 2016, pp. 23ss.

paradas técnicamente cuyo compromiso con la idea de racionalidad científica da sentido a su labor. Precisamente por eso, porque son seres humanos que sienten y se motivan, están igual de afectados por todo un tejido de relaciones emocionales, sociales y culturales de las que no pueden escapar con tanta facilidad.

Tomemos el ejemplo del miedo,[13] una de las emociones fundamentales que más nos ponen en entredicho y cuyo deseo de superarlo seguramente explica sobremanera por qué queremos saber siempre más y más de todo. Son nuestros cerebros los que, a la postre, generan este mal compañero de viaje y dan pie a un sentimiento tan fantasmagórico como poderoso que puede llegar a hacer inviable una vida próspera. ¿Podría la neurociencia aportar un cambio de rumbo radical, «una nueva visión del problema, un enfoque diferente que nos pueda llevar a un cambio de paradigma»?[14]

Conviene diferenciar emoción de sentimiento. «Emoción» se refiere al movimiento hacia fuera de lo vivido, es decir, al acto de conducta que es producido por un estímulo externo al organismo que lo lleva a cabo. Es reactiva y comunicativa, y

13   De aquí en adelante expondremos la aproximación al tema que realiza Francisco Mora en su *¿Es posible una cultura sin miedo?* (Madrid, Alianza, 2015). Francisco Mora es catedrático de Fisiología Humana en la Facultad de Medicina de la Universidad Complutense de Madrid y catedrático adscrito del Departamento de Fisiología molecular y Biofísica de la Universidad de Iowa en Estados Unidos.
14   Ibíd., p. 21.

nace de la misma disposición cerebral para ello. En cambio, «sentimiento» es la sensación elaborada y rememorada de esa emoción,[15] y guarda relación directa con una especificidad muy humana: la autoconciencia. Hablamos de «autoconciencia» como la capacidad de ser consciente de que se es consciente, y en consecuencia de que se siente. Seguramente por eso, porque remite a la autoconciencia individual, el miedo, como otros sentimientos fundamentales, es tan personal e intransferible. Cada cerebro elabora su propia historia a partir de la propia capacidad cognitiva. Cada cerebro se siente a su manera.

Por eso «miedo» es un término tan impreciso y resbaladizo. Las reacciones emocionales al miedo pueden tipificarse más o menos según su expresión fisiológica, pero el sentimiento de miedo, más subjetivo, es relativo. Además, sabemos que hay miedos innatos y otros construidos, miedos que pueden ser fruto de la herencia genética y otros que son espejo del contexto sociocultural que los desarrolla.

Hablar de miedo, pues, es referirse a muchos elementos: la fisiología cerebral que lo soporta, el circuito cognitivo que lo elabora, el significado social que lo proyecta y la vida individual que lo procesa.

¿Cuándo podemos decir que el miedo entra a formar parte de la experiencia humana? Si el len-

15   A diferencia de Roth, «yo sostengo […] que solo el ser humano experimenta sentimientos», concluye más drásticamente Mora. Ibíd., p. 31.

guaje comienza a desarrollarse antes de la aparición del *Homo sapiens,* entonces parece plausible asumir la hipótesis de que fue durante este segmento de la evolución cuando apareció el miedo propiamente dicho. Es decir, que probablemente entró en escena en cuanto los homínidos comenzaron a elaborar de manera rudimentaria una comunicación simbólica, cuando se hicieron «humanos» como tales. Una sospecha que se confirma si atendemos al hecho de que, junto al miedo a la muerte, uno de los más genuinos que experimentamos es el que nos suscitan los «otros». En ambos casos, es el miedo a no sobrevivir, a no perpetuarse en la vida, lo que agita el ánimo.

Como emoción, se trata de un fenómeno animal común, pero la especificidad humana reside en que esta emoción se elabora y se convierte en un sentimiento, en una expresión de la necesidad de huida o de confrontación. Sin embargo, los tiempos de las cacerías y las persecuciones agonísticas han pasado y los miedos no han desaparecido. Al contrario: parecen haber quedado huérfanos de contenido; han perdido su intencionalidad. Esto es lo que podría explicar la proliferación de miedos que no lo son, de fobias, manías y demás recelos patológicos (por paralizantes) hacia personas, animales o situaciones que en sí mismas no representan un peligro tan radical.

Desde la perspectiva biológica, la estructura común de los miedos ayuda a elaborar protocolos de tratamientos paliativos que permiten una erradicación selectiva y voluntaria de los elementos distorsionantes de dicho sentimiento. Protocolos que pueden incluir el suministro de estabilizadores neurofisiológicos de manera externa (medicación) o una técnica terapéutica que reinterprete y reelabore un determinado recuerdo hasta borrar de él cualquier traza de miedo patológico, puesto que el cerebro es plástico —hay evidencia, por ejemplo, de que también la terapia psicoanalítica modifica la estructura sináptica.[16]

Sin embargo, aquí nos preguntamos si realmente lo *neuro* u otro tipo de *gran relato* —sea o no científico— podrá hacer desaparecer de veras el miedo sin con ello anestesiar la existencia. Es indiscutible la necesidad de combatir el de tipo patológico, el que paraliza y distorsiona la realidad, y más teniendo en cuenta que se trata de un residuo ancestral, aunque sin su motivo original. Pero conviene diferenciar entre miedos intencionales, que pueden desenfocar la realidad vivida, y experiencias de vulnerabilidad, que son propias de la vida misma y, por lo tanto, frutos de una experiencia existencial más auténtica.

Pensemos en el miedo más radical de todos, el que nos suscita la muerte. Morir es sin duda un hecho biológico, pero su fuerza reside en su peso existencial. Una lectura biológica no permite más que referirse al final de una vida como si de un

16   G. Frazzetto, *Cómo sentimos. Sobre lo que la neurociencia puede y no puede decirnos acerca de nuestras emociones,* Barcelona, Anagrama, 2014, pp. 135-136.

apagón general del cerebro se tratara. El problema, sin embargo, reside en cómo se presenta este dato, por qué se da y qué sentido tiene. Es más: gracias a miedos de esta índole se han creado a lo largo de la historia expresiones artísticas, culturales y hasta científicas que asumimos como «progreso». ¿Cómo explicar los avances de la medicina si no es por la voluntad de no sufrir, de no morir, de alargar la vida o de sacar el mayor provecho posible a nuestras capacidades de bienestar?

Sin miedo no hay rebeldía; sin rebeldía no hay camino.

Así que el problema no es el miedo en sí, sino la utilización que se hace de él. Puesto que vivir es aleatorio e inseguro por definición, de ahí emerge un problema ético y político de primera magnitud. Según cómo se gestione, esta precariedad existencial puede abonar una solidaridad comunitaria o llevar a la germinación de un poder opresivo sobre la vida corporal (biopolítica) que influye directamente en la convivencia de los individuos, consigo mismos y con sus semejantes.

Hay quien imagina un futuro en el que el trabajo conjunto de la neurociencia cognitiva, el de la genética y el de la psicología puedan erradicar los miedos en las sociedades humanas.[17] Es un noble propósito, ¡qué duda cabe! Pero, a falta de datos, la validez programática de este anhelo responde más a un optimismo cientifista que a una evidencia.

17 F. Mora, *¿Es posible una cultura sin miedo?*, op. cit., p. 160.

Localizar y explicar la dinámica de un proceso en el cerebro (una emoción) no significa forzosamente entenderla ni tampoco comprenderla en toda su magnitud —la vivencia sentimental, simbólica, que se hace de ella—.[18] ¿Llegará un día en que la neurociencia pueda explicarlo todo? Quién sabe. ¿Es probable que eso sea así? Tampoco podemos asegurarlo.

Karl Popper (1902-1994), uno de los filósofos de la ciencia más importantes y respetados del siglo pasado, proponía seguir un modelo falsacionista para las teorías científicas. En vez de buscar aquello que corrobora una determinada tesis científica, que implica un proceso de verificación que no acaba nunca —siempre puede quedar algo por demostrar—, es más útil y asumible optar por el camino contrario e ir tras aquellos elementos que la refutan. Es decir, tratar de falsar una proposición en vez de verificarla. Al llevar este procedimiento al campo de las neurociencias, hay voces que apuntan que el circuito de la conciencia moral, por ejemplo, por el cual uno se siente culpable o se obliga, no tiene explicación completa desde este conjunto de ciencias. Más bien lo contrario.[19]

En todo caso, nadie sabe con seguridad si todo es estrictamente explicable desde lo *neuro* o no; por

18   P. Legrenzi y C. Umiltà, *Perché abbiamo bisogno dell'anima. Cervello e dualismo mente-corpo,* Bolonia, Il Mulino, 2014.
19   A. Cortina, «La conciencia moral desde una perspectiva neuroética. De Darwin a Kant», *Pensamiento,* 273 (2016).

eso cualquier juicio categórico al respecto es más una posición ideológica que un dato científico.

Si saber es poder, la voluntad de saber, reconocible en todas las expresiones culturales humanas, también afecta a la cultura *neuro*. La historia humana es la lucha por la supervivencia y el dominio de la vida. Sería absurdo negar que las ciencias experimentales constituyen uno de los grandes logros del desarrollo humano; sería irresponsable no enorgullecerse del avance en este campo, fundamental e inigualable para el avance de la calidad de vida y del aprovechamiento de nuestras capacidades; pero siempre que no se tenga por algo unilateral, porque hay aspectos que también se le escapan. Ni siquiera identificar el cerebro con la vivencia del yo explica el misterio de la libertad: sostener que no somos libres porque es nuestro cerebro quien nos controla y al mismo tiempo afirmar que nos identificamos con él es asumir, paradójicamente, que nos controlamos, que somos dueños de nosotros mismos.

Decir que la neurociencia lo explica todo —o lo explicará— constituye un nuevo caso de lo que Freud achaca a la filosofía: la voluntad de explicarlo todo a partir de una certeza, lo que, paradójicamente, demuestra la voluntad de reducir todo a un sistema que no es característica exclusiva de (alguna) filosofía, sino la tentación que acompaña a toda sabiduría humana; una *reductio ad unum,* una sumisión de todas las cosas habidas y por haber a una sola verdad.

Así que antes de generar una «neurocultura» conviene pensar qué «cultura» es la que da cabida a la eclosión de lo *neuro* y sus múltiples expresiones. Damos por sentado que la autoridad científica es neutra, sin intereses ajenos al conocimiento que la puedan condicionar, como si el desarrollo de las ciencias no estuviera atravesado también por dinámicas sociales y culturales. Thomas Kuhn lo ilustra muy claramente en *La estructura de las revoluciones científicas* (1962): el desarrollo de las ciencias no solo se puede dilucidar por la acumulación de datos de conocimiento, sino también debido a las circunstancias y condiciones socioculturales que hacen o no posible que se convierta en «autoridad». Por eso es ciencia: porque está protagonizada por personas con privilegiados conocimientos y dotadas de envidiables capacidades, pero tan pasionales y relacionales como el resto de humanos, como el resto de los mortales.

MENOS PENSAR Y MÁS DISFRUTAR, PUES AL FINAL TODOS MORIREMOS

Uno de los ejemplos más recurrentes para mostrar cómo funciona un silogismo lógico es el que deduce que «Sócrates es mortal» a partir de dos premisas: la primera, que «Sócrates es un hombre», y la segunda, que «todos los hombres son mortales».

Una premisa es algo que se impone por anticipación, una evidencia previa que no permite discusión. Que todos llevamos fecha de caducidad lo es. Otra cosa es qué significado le damos a la muerte o a creer que algún día lograremos alargar de manera indefinida la vida biológica. Pero aquí y ahora, «todos los hombres son mortales».

¿Qué hacer? ¿Angustiarse por semejante destino? ¿No pensar excesivamente en ello? ¿O quizá darle la vuelta al planteamiento y aprovechar al máximo el tiempo de vida que lo antecede?

La idea de que la muerte es el inevitable destino de todo ser vivo y por lo tanto lo que hay que hacer es aprovechar al máximo la vida, proviene de la Antigüedad clásica. Fue Horacio, el poeta romano del siglo I a.C., quien acuñaría el conocido *carpe diem*. Tres siglos después, Diógenes Laercio, escritor griego del siglo III d.C., se refirió en su obra *Vidas y opiniones de los filósofos ilustres* a un tal Epicuro, nativo de Samos, al que señaló como uno de los grandes referentes de esta filosofía de vida.

Epicuro de Samos (341-270 a.C.) nació en el seno de una familia de campesinos provenientes de Atenas. Pasada la infancia se trasladó a Atenas, una ciudad que se encontraba sumida en el caos. Alejandro Magno había muerto hacía poco y el desconcierto era total. Epicuro, que ya se había interesado por la filosofía, pensó que había que reaccionar y, tras formarse con diferentes maestros de su tiempo y viajar por el Egeo en múltiples ocasiones, decidió instalarse en Atenas y fundar una escuela filosófica en su propia casa, que tenía un jardín.

«El jardín de Epicuro» es como se conoce una de las escuelas filosóficas más importantes del helenismo: el epicureísmo. Durante más de treinta años Epicuro profundizó y transmitió a sus discípulos los remedios (*pharmakon,* en griego) que él consideraba imprescindibles para afrontar con buen ánimo la vida.

Muchos fueron los maestros e inspiradores de Epicuro: el idealista Platón, el naturalista Aristóteles o el materialista Demócrito. Pero la suya es una mirada original, propia, acerca de las cuestiones que inquietan y torpedean la vida buena, acrecentadas en su tiempo por el colapso social que siguió a la muerte de Alejandro.

Se conservan muy pocos escritos completos de los cerca de trescientos escritos que, según Diógenes, escribió Epicuro. Entre ellos destaca una carta íntegra, dirigida a Meneceo, que, aunque breve, es de lo más significativa para tener una visión general de lo que pensaba Epicuro y su escuela.

La carta comienza con una exhortación a no dejar nunca de filosofar, ni aun cuando se entra en la vejez. Filosofar y ser feliz, o aspirar a ello, van de la mano; por eso nunca es tarde para dicho fin. Si el propósito de filosofar es convertirse en un sabio, es decir, en una persona capaz de vivir según lo que le sucede, profundizando en las posibilidades de felicidad que la vida le ofrece, para Epicuro siempre tenemos la opción de buscar aquello que nos otorga la felicidad.

Para poder encontrar la dicha hay que saber que «el placer es el principio y el fin de una vida feliz».[1] Esta es una de las afirmaciones más conocidas del epicureísmo, aunque, por ello mismo, una de las más banalizadas. No vale cualquier placer. El hedonismo epicúreo no es una llamada a la propagación indiscriminada del placer. «No nos referimos a los placeres de los disolutos y crápulas, como afirman algunos que desconocen nuestra doctrina, [...] sino al hecho de no sentir dolor en el cuerpo ni turbación en el alma».[2] Ni los banquetes continuos, ni el sexo desenfrenado, ni el poder de los cargos públicos ofrecen la satisfacción real que cada uno de nosotros anhela.

Hay que pedir a las cosas lo que estas pueden dar. Por eso, dice Epicuro, será sabio aquel que

---

1   Epicuro, «Carta a Meneceo», en *Obras,* Madrid, Tecnos, 1999, p. 61.
2   Ibíd., p. 63.

cultive la virtud del juicio recto y certero, quien sepa encontrar en las cosas y bienes los placeres que nos convienen. Ni más ni menos. Así que tan perjudicial es para la vida feliz la represión de los placeres mundanos como la entrega acrítica a ellos. Lo mismo sucede con las preocupaciones y los temores. Hace falta un juicio sereno y ponderado para poder domar su influencia en nosotros. Si son situaciones afrontables, cuando lleguen ya lo haremos, y si no lo son es inútil preocuparse por ellas con antelación, porque de todos modos sucederán.

La muerte debe ser afrontada así. Es inevitable, evidencia Epicuro, luego es inútil preocuparse por ella. Nada conseguiremos dándole un protagonismo excesivo. Y en todo caso, añade, si atendemos a lo que realmente nos tensiona de su presencia, su horror se desvanece.

La muerte nos aterra porque tenemos miedo de ser conscientes de no vivir más. Pero como el bien y el mal residen en las sensaciones y, precisamente, la muerte consiste en estar privado de sensaciones, esta no es nada para nosotros, resuelve Epicuro. Y todavía más: no solo pierde su aura de amenaza, sino que además nos libera de un afán desmesurado por la inmortalidad. «El peor de los males, la muerte, no significa nada para nosotros, porque mientras vivimos no existe, y cuando está presente nosotros no existimos». Así de lapidario. «La muerte no es real ni para los vivos ni para los muertos».[3]

3   Ibíd., p. 59.

Si la muerte no existe y es para todos un horizonte imposible de evitar, ¿por qué perder el tiempo en meditar sobre ella?

Siguiendo la lógica epicúrea, lo más sensato sería no hacerle demasiado caso. Pero el argumento sería veraz si no hubiera una radical y verdadera preocupación por la muerte. No es natural no temerle a la muerte, si por «natural» entendemos algo que nace de dentro de las entrañas. Basta con acudir al médico y someterse a una prueba diagnóstica decisiva para nuestra supervivencia para sentir una difusa y tensa inquietud. Por no hablar de cuando uno se halla a las puertas de una operación. Hay algo dentro de nosotros que nos impulsa a vivir, a luchar por mantenernos vivos y a evitar cualquier riesgo que ponga la vida en entredicho.

De hecho, es tanta la impresión que nos produce la idea de la muerte que, para Freud, es una de las causas que explica la fuerza de las religiones. Además de proyectarse como la ley moral del padre —recordemos el conflicto entre «superyó» o la represión de la conciencia moral y el «ello», o fondo instintivo de nuestra personalidad—, la religión permite alimentar la ilusión compensatoria de encontrar más allá de la muerte algo que dé sentido a los sufrimientos y frustraciones vividas.

Aunque la propuesta de Epicuro es sencilla y de una lógica incuestionable, presupone algo muy obvio, que es justo lo que la hace problemática, esto es, que el miedo a la muerte es muy real y profundo. Si hay que prestar atención a la muerte es porque el temor que causa comporta un impacto decisivo en la vida. De lo contrario no se entendería por qué hay que buscarle remedio. Pocos temas suscitan tanto quebranto de ánimo como el saber que un día cada uno de nosotros cruzaremos el río con Caronte.

Habrá quien no le tema a la muerte y considere absurdo darle tantas vueltas a esta cuestión. Pero quien sí se sobrecoja, y creo que no es aventurado decir que, en mayor o menor medida, somos la mayoría, es probable que viva con frustración el primer peligro serio de muerte. La receta de Epicuro se desmorona con facilidad. Primero, porque lo que la escuela epicúrea propone es un punto de llegada, el fruto de un arduo y largo camino de familiarización con la idea de que un día no existiremos más. Y segundo, porque vivir y morir se excluyen de manera mutua; por eso el miedo a la muerte no revela forzosamente cobardía o inmadurez, sino más bien un deseo rebelde e inequívoco de querer seguir viviendo.

Tempus fugit

Si «nuestras vidas son los ríos que van a dar en la mar» —como escribió Jorge Manrique—, vivir es entonces un flujo continuo de sucesos. La vida pasa, y ya sabemos que uno no se baña dos veces en el mismo río, versionando a Heráclito de Éfeso (siglo VI a.C.). Somos finitos y contingentes, así que sin *temporalidad* no podemos concebir la vida, nuestra vida.

Justamente porque cada uno de nosotros es en sí mismo temporal, puede estar lanzado hacia un *futuro* en el que proyectarse a la vez que se enraíza en el mundo que lo acoge *(presente)*. Nuestra vida está proyectada hacia adelante y como tal se hace e interpreta constantemente. Pero es un proyecto siempre abierto que por eso mismo comporta la posibilidad de la muerte, la incerteza de nuestra continuidad en este transitar. Esta se entromete como una incesante y siempre presente posibilidad que nos sume en el pasmo existencial.

El análisis que Martin Heidegger (1889-1976) desarrolla en su obra *Ser y tiempo* (1927) se sustenta en la convicción de que la temporalidad es el modo de existencia del ser humano. Cada uno de nosotros somos un «ser ahí», una existencia en el mundo. La pregunta por la existencia y el ser ha sido terreno habitual de la filosofía, en concreto de la metafísica. *¿Por qué hay ser y no más bien nada?* Es su gran pregunta.

Una de las grandes originalidades de Heidegger, sin duda el filósofo más decisivo del siglo pasado, fue afrontar la cuestión del ser desde el horizonte del tiempo.[4] Lo habitual es encontrar en los grandes tratados de metafísica un análisis del ser como si estuviera por encima del tiempo, como si *el* ser estuviera más allá del tiempo. La inversión que

4   M. Heidegger, *El ser y el tiempo,* Madrid, FCE, 2000, pp. 256-257.

propone Heidegger es absoluta: el último horizonte de toda existencia no es la eternidad del ser, sino su temporalidad. Y dicha experiencia de la temporalidad se plasma sobre todo en la muerte, de un «ser ahí» que pasa a un «ya no ser ahí». La experiencia de la muerte es un ingrediente de la vida, no su reverso.[5]

La particularidad del «ser ahí» (*Dasein,* en alemán), concepto con el que Heidegger se refiere al ser humano, se encuentra en ser una constante no totalidad que encuentra su fin con la muerte. El *Dasein* finaliza al morir, esto es, deja–de–vivir, pero la muerte desempeña un papel determinante en la vida. Ser relativo a ese fin —*fin* que es la muerte— significa que el «ser ahí» está encaminado a ella,[6] y este fin es inminente: la muerte no está ante los ojos, subraya Heidegger, sino que está ahí, a nuestro lado.

La muerte es una posibilidad presente, y en el fondo la «más peculiar, irreferente e irrebasable»[7] de todas ellas. Por eso aparece la angustia, no como patología neurótica defensiva, sino como vivencia de la propia posibilidad de acabarse. Es lo que sucede cuando acudimos a esa visita con el médico o en la víspera de una operación importante. Es la angustia ante el «poder ser» más original y radical

5   Ibíd., § 47 *ss.*
6   «El "ser relativamente a la muerte" es original y esencialmente inherente al ser del "ser ahí"» (ibíd., p. 275).
7   Ibíd., p. 274.

de todos y al que muchas veces en la vida cotidiana le damos la espalda y lo encubrimos.[8]

La muerte es como nuestra sombra, un recordatorio constante de cómo es nuestra existencia: finita. Así que todo deseo de vivir de manera auténtica comporta asumir de manera constante su posibilidad. A diferencia de lo que sostiene Epicuro, la muerte no está fuera de la vida, sino que su fuerza reside justo en que la afecta de pleno. El hombre muere, mientras que el animal perece, concluye Heidegger.

Cada ser humano es un «ser ahí» abierto e histórico, temporal, volcado hacia su propio proyecto de realización, cuya posibilidad existencial, en tanto que ser abierto, mudable y cambiante, reside en la muerte, que es, paradójicamente, su cesar de vivir.[9] Esta es la contradicción que nos constituye como seres humanos y que explica por qué a tantos nos cuesta reconciliarnos con la idea de nuestra propia muerte: aspirando a la plena realización, tarde o temprano nuestro río va a parar al mar.

Las dimensiones de la muerte

A la luz del análisis existencial que propone Heidegger queda claro que lo que nos importa de la

8   Ibíd., p. 280. Dice Heidegger que «el "ser relativamente a la muerte" es en esencia angustia» (ibíd., p. 290).

9   Ibíd., p. 285.

muerte es cómo afecta a nuestra vida aquí, y no tanto el dato de la muerte en sí. Como ya hiciera Michel de Montaigne (siglo XVI), se subraya que lo relevante de la muerte es el impacto que tiene en nuestra propia condición.[10] El ser humano, el «ser ahí», es mortal porque es capaz de relacionarse con la muerte y de darle un «ser», por eso *aparece* como horizonte de su vida. La muerte deviene un problema *para* el hombre, planteado *desde* el hombre.

Esto significa, paralelamente, que con la muerte propiamente dicha no tenemos contacto directo.[11] Se trata de un evento que sucede una sola vez, y a las personas que ya lo han experimentado no podemos preguntarles cómo les ha ido. A excepción de algunos casos que no generan consenso, nadie parece haber vuelto del reino de los muertos. Intentar pensar *la* muerte de manera inmediata es imposible. Nuestro acceso se da siempre por aproximación, por medio del fallecimiento de otra persona. Es cierto que tenemos una conciencia en nosotros mismos de ella como un fin radical, un abrupto cese de nuestra vida, pero como sugiere Emmanuel Lévinas, un filósofo judío al que volveremos con detenimiento más adelante, es sobre todo a partir del «otro», de la muerte del semejante, que tomamos conciencia

---

10 F. Dastur, *La muerte. Ensayo sobre la finitud*, Barcelona, Herder, 2008.

11 D. von Hildebrand, *Sobre la muerte*, Madrid, Encuentro, 1983, pp. 16 *ss.*

de ella.[12] El *Dasein* se hace cargo de su «tener que morir» a medida que se abre y responsabiliza de la muerte del prójimo.

Mismidad (yo, nosotros) y alteridad (tú, él, ella, vosotros, vosotras, ellos, ellas) aparecen en la formación de la conciencia de morir íntimamente relacionadas. Siguiendo a Vladimir Jankélévitch (1903-1985), podemos establecer tres grandes modos de relacionarnos con la muerte según la vivencia relacional más o menos directa que tengamos de ella: en tercera persona, en segunda y en primera. No porque haya tres maneras diferentes de aproximarse a ella, pues no hay forma alguna de acceder a la muerte «en sí», reiteramos. Lo que se propone son tres modos de relación con el *processus mortis,* tres prismas que inciden en cómo nos acercamos a un fenómeno que permanece en todo caso como un misterio problemático y trágico.[13]

La muerte en tercera persona es la genérica. Es una muerte impactante, aunque si se compara con las otras, su carga de misterio y recelo es menor. Aquí estamos frente al deceso objetivo, analizable desde varios prismas —médico, biológico, sociológico, etc.—[14] y cuantificable en números exactos —tantos muertos por *tal* afección, tantos otros por esa otra.

12 E. Lévinas, *Dios, la muerte y el tiempo,* Madrid, Cátedra, 1998, pp. 23-33.

13 V. Jankélévitch, *La mort,* París, Flammarion, 1999, p. 31.

14 Ibíd., p. 25.

La serenidad que emana de la distancia que sentimos ante esta forma de presentarse la muerte se diluye al afrontarla en primera persona. El misterio aquí sí que se impone con toda su crudeza: mi muerte no es la de cualquiera, ni participa del morir en general. ¡Qué más me da cómo muera y qué la cause! Aquí la tragedia, intransferible, se desata, y aunque uno se preste a pluralizarla y compartirla en un «nosotros», siempre aflora el drama de la máxima soledad. A fin de cuentas, el colectivo que muere —ese gran «nosotros», los humanos— no es más que un coro plural de intimidades mortales esporádicas siempre solitarias.[15]

Por último, entre esta tragedia personal subjetiva y el anonimato de la objetividad de la tercera persona hay que situar una vivencia ambigua, la de la segunda persona. El «tú», que es la alteridad inmediatamente próxima y cercana, se refiere a seres que sentimos como irreemplazables; a seres vivos, encarnados, que dejan de ser meros acompañantes para convertirse en *tal* o *cual* persona, con nombre y apellido. Aquí nos referimos a la muerte de un familiar, un amigo o cualquier otro prójimo que sea realmente tal. Con el deceso del ser amado hago mía su propia muerte. Agustín de Hipona lo expresaba así: «¡con qué dolor se entenebreció mi corazón! Cuanto miraba era muerte para mí. La patria me era un suplicio, y la casa paterna un tormento insufrible, y cuanto había comunicado

15 Ibíd., pp. 26-29.

con él se me volvía sin él cruelísimo suplicio. Buscábanle por todas partes mis ojos y no parecía [...] Solo el llanto me era dulce y ocupaba el lugar de mi amigo en las delicias de mi corazón».[16]

El dolor en estos casos lo inunda todo. La mínima distancia que experimentamos entre el «yo» y el «tú», anterior a la diferencia más elaborada a nivel epistemológico entre sujeto y objeto, permite la aparición de una *sympatheia* única. Aquí se vive la muerte desde la temporalidad pasada, desde el recuerdo, no como en el caso de la primera persona, en el que es el futuro lo que preocupa. Un horizonte por-venir que en el instante absoluto de su consumación amenaza con ser la realidad definitiva de la propia existencia.

Primera, segunda o tercera persona: la experiencia trina de una misma realidad, siempre inefable. Porque solo en la cercanía del dolor de la muerte contemplada y sentida y en la subsiguiente distancia reflexiva de saberse todavía vivo, la muerte puede aparecer como algo pensable. Es decir, como algo distanciado.[17] El horizonte de morir, como realidad existencial, nada tiene que ver con el problema conceptual de la muerte. Como se ha dicho antes, no puede haber un conocimiento de la muerte como tal. No es posible captar *mi* muerte o *la* muerte ni agotar en el dato su fuerza

---

16 *Confesiones,* IV, 4, 9, según la edición de BAC, Madrid, 1998, p. 166.

17 V. Jankélévitch, *La mort, op. cit.,* pp. 29-35.

simbólica. Es un misterio que satura el juicio y el ejercicio estrictamente racional, imposible de maniatar con estudios cuantitativos o de despachar con un silogismo.

Hay que diferenciar, pues, el hecho, el deceso como dato biológico, de lo que supone el *final* de la vida de un ser único. Lo explican varios factores:

1. individualidad y, por tanto, irreductibilidad de la experiencia del proceso;
2. personalidad de la muerte (*mi* muerte, *tu* muerte, etc.);
3. la conciencia de contingencia y finitud y la consiguiente apertura a cuestiones existenciales de mucho calado que escapan a las ciencias empíricas;
4. y, por supuesto, el fin del «yo» como centro del mundo.[18]

Miguel de Unamuno insistía en que el protagonista de la filosofía no es otro que el hombre de carne y hueso,[19] y en que, por lo tanto, filosofamos desde el sentimiento y la voluntad. Por eso, si la muerte supone el fin, *mi* fin, la reacción inmediata a la posibilidad-en-la-vida no puede ser vivida más que desde la confrontación. «No quiero morirme,

18   H. Thielicke, *Vivir con la muerte*, Barcelona, Herder, 1984, pp. 55-74; L. Wittgenstein dice en su *Tractatus*, 5.63: «Yo soy mi mundo. (El microcosmos)».

19   M. de Unamuno, *Del sentimiento trágico de la vida*, Buenos Aires, Losada, 1964, p. 7.

no».[20] El único y verdadero problema filosófico era para don Miguel el de la inmortalidad del alma, un ansia que él no concebía como respuesta al miedo que nos ocasiona la muerte, sino como un acto de valentía y de no-resignación ante ella.[21]

La muerte es la experiencia de finitud por antonomasia: toda libertad y toda iniciativa se explican por ella pero al mismo tiempo se ven arrebatadas por su realidad. Tal es el peso de su fuerza que nos puede poner con facilidad en la tesitura de plantearnos el *sentido* de la vida. Es cierto que hablar de sentido de la vida es ante todo referirse a la vida. Pero al abordar la cuestión de la muerte no son pocos autores los que dan a la pregunta del porqué de la muerte una relevancia central en el planteamiento mismo del sentido. La pregunta por el sentido adquiere a través de la muerte una envergadura de totalidad,[22] una queja que, como apunta Unamuno, se acerca al desgarro: si la muerte es el final, ¿para qué todo?

La pregunta por el sentido está latente en todas las cosas que hacemos. Detrás de toda decisión está la pregunta de *por qué*,[23] tan sencilla de formular como difícil de responder. Su respuesta no es para

20 Ibíd., p. 45.

21 Ibíd., pp. 10 y 50.

22 J. Gevaert, *El problema del hombre. Introducción a la antropología filosófica,* Salamanca, Sígueme, 1976, pp. 315-317; J. Marías, *Antropología metafísica,* Madrid, Alianza, 1998, p. 213; D. von Hildebrand, *Sobre la muerte, op. cit.,* p. 26.

23 J. Grondin, *Del sentido de la vida. Un ensayo filosófico,* Barcelona, Herder, 2005, pp. 15 ss.

nada evidente, y cualquiera que se proponga puede ser deconstruida y reducida a algunos *a prioris* (Dios, materialismo, azar...). Razón de ser, finalidad, dirección, significación. Un planteamiento que afecta a la *totalidad* del ser y, por lo tanto, susceptible a todos los matices que se dan en este despliegue global que llamamos «vida», *mi* vida.

«La muerte de Iván Ilich»

La exploración de la condición mortal viene acompañada de cuestiones de gran calado metafísico, colindantes con las experiencias religiosas. Comporta una reflexión integral que afecta de raíz a la relación con uno mismo y modifica la percepción de otras dimensiones de la propia existencia y su trascendencia. Es holística, como la dimensión del ser mortal: afectando al más acá nos abre al más allá.

Sin embargo, es difícil que desde la filosofía se puedan dar respuestas concluyentes de si hay o no algo «después» la muerte. Platón aportó no pocos argumentos a favor de la inmortalidad del alma en su diálogo *Fedón,* aunque más que argumentos son razones o motivos para la esperanza. Lo único que desde la filosofía se puede afirmar es que la muerte afecta, y mucho, a la vida «antes» de morir, no solo porque es una de las características principales de nuestra existencia (Heidegger), sino porque su certeza obliga a encarar la vida de una manera consciente.

En 1886 el escritor ruso León Tolstói publicó uno de los relatos que tratan de radiografiar lo que significa tener que morir. *La muerte de Iván Ilich* es una novela breve que describe los últimos días de Iván Ilich, una persona culta e inteligente, acomodada socialmente y con una relación familiar estable, cuya vida afectiva y emocional se ve truncada por la terrible noticia de tener que afrontar una enfermedad fatal.

El inicio de la historia nos sitúa en el entierro de Iván Ilich. La atmósfera es de conmovida tristeza, aunque pronto descubrimos que las apariencias esconden otros sentimientos. Los compañeros de trabajo, magistrados, barruntan internamente las posibilidades de ascenso que el deceso les proporciona. A la esposa, que vive un luto riguroso, acaparada por una pena que se presume más sincera, le asaltan dudas de cómo llegar a obtener el dinero del fisco. Y Piotr, uno de los mejores amigos de Iván y que tras consolar a la viuda, destina la parte más lúcida de su mente a tratar de calcular el modo de poder llegar a la partida de cartas con sus amigos.

«La historia de la vida de Iván Ilich había sido sencillísima y ordinaria, a la par que terrible en extremo», glosa Tosltói. Iván Ilich muere a la edad de 45 años, tras una carrera dedicada a la justicia. Se había ganado el respeto de sus compañeros porque realizaba su trabajo de manera impecable, lo que le hacía sentirse bien. Casado con una bella mujer que provenía de buena familia, había tenido descendencia. Esperaba que su hijo menor continuara la estirpe de licenciados en leyes. Tras unos años de penuria económica, la familia había conseguido estabilizar su situación y así Iván podía dedicarse a hacer lo que más le complacía: encuentros sociales con personas notables en los que desarrollaba mecánicamente los mismos protocolos de relación y la misma dinámica de comunicación. Todo apariencia.

La irrupción de la enfermedad, de buenas a primeras ignorada y minimizada, rompe este ciclo, tan narcótico como profundamente nihilista. Comienzan a relucir las contradicciones que tejen las vidas de cada uno de los protagonistas. La esposa, por ejemplo, da muestras de su creciente desdén hacia su marido al tiempo que toma conciencia de que su hipotética muerte no la afligiría demasiado. Lo peor sería, como luego confirmará, la incerteza que le ocasionaría poder perder un sueldo para ella y los suyos.

Iván Ilich confía en el diagnóstico de sus médicos, que no le pintan una situación fácil pero tampoco imposible de superar. Sin embargo, en una situación de enfermedad o de confrontación con la muerte, la conciencia de la propia existencia se agudiza. Lo acabamos de ver: no es el problema de la muerte en general, es la posibilidad de que *yo* deje de existir. «¿Acaso no ven todos, menos yo, que me estoy muriendo?», se queja un airado Iván. Con toda seguridad no, al menos no con la intensidad que él la siente. La muerte de cada uno es intransferible. Es una experiencia de vida, y la vida se vive.

La pluma de Tolstói describe un proceso interno, casi a modo de soliloquio, que nos hace sentir como si fuéramos Iván Ilich. Se reconocen las etapas de negación, ira, negociación, tristeza y, al final, aceptación de la muerte, que psicólogos y médicos nos dicen que, penosamente, tendremos que atravesar. Lo más significativo, sin embargo, es que la experiencia de la mortalidad es para Iván una de las más auténticas y genuinas de su vida. Demasiado acostumbrado a vivir hacia fuera, a medida que se va adentrando en los pavores de la muerte va reconociéndose vulnerable, débil y necesitado de afecto.

Por una vez en la vida se descubre realmente abierto a los otros y en disposición de sentir el deseo de su presencia: «Quería que le acariciaran, que le besaran, que lloraran por él, como se acaricia y consuela a los niños».

No es una novedad. Ya sabemos que necesitamos experimentar auténticos derrumbes existenciales para darnos cuenta de lo que deseamos en realidad. Para darnos lúcida cuenta de ello y sobre todo para asumirlo. Y más nosotros, el género masculino, todavía condicionados por mitos de masculinidad según los cuales dar rienda suelta a las emociones se considera una debilidad.

Iván Ilich llora. Y llora de manera desconsolada, pues el drama consiste en que se ha dado cuenta de que el auténtico problema de su vida es que ha dejado los deberes para el final, como tantos haríamos en una sociedad que solo vive de cara al progreso socioeconómico y prioriza el éxito. Pero la situación no es como la del alumno que, estudiando la noche antes, puede aprobar y con nota.

Lo que más impacta de la historia de Tolstói es que, ciertamente, el *carpe diem* puede ser un buen horizonte para la vida, pero debe ser un *carpe diem* reflexivo y meditado, no atolondrado y que pasa de puntillas por las experiencias límite de la vida, no vaya a ser que desestabilicen demasiado. De lo contrario, es posible que nos pase como a Iván Ilich, quien cerca del momento final, cuando todas las máscaras caen por su propia ligereza, descubre que su vida ha sido un gran teatro: «Todo lo que entonces había parecido alborozo se derretía ahora ante sus ojos y se trocaba en algo trivial y a menudo mezquino».

Abrirse a la muerte y no negarla defensivamente es un requisito indispensable para una vida más lúcida y más empática. Otra cosa es el dolor y el sufrimiento, que incapacitan de verdad para una vida plena. Pero, a la muerte, ¿por qué le damos la espalda?

Habitamos en el tiempo, pero evitamos la temporalidad porque nos angustia. Pretendemos permanecer en un continuo presente que controla su futuro y que deja que su pasado se difumine lánguidamente. Pero lo que ha sido ya no volverá a ser y cada vez queda menos para llegar al instante final. Decimos saber que es inevitable morir y consolarnos con eso, aunque en el fondo nos cuesta aceptar que algún día eso sucederá de verdad. No queremos acabarnos, y si lo deseamos es porque consideramos que esta vida no merece ser vivida —otra, tal vez.

Si Iván Ilich consigue morir en paz es porque de algún modo logra aprovechar su experiencia para saldar cuentas consigo mismo y, sobre todo, con los demás. Es la otra cara de nuestra condición mortal. Él lo hace a contrarreloj y torpemente, cuando no le queda más opción que mirar de frente a su vacua realidad. Pero, al menos, ha podido darse cuenta de lo que de veras importaba en su vida: reconocer el don de una presencia amorosa, de un gesto cómplice, de una caricia acogedora. Algo que, tristemente, solo había podido darle Gerasim, el discreto ayudante del mayordomo.

Es incómodo, y hasta contradictorio, pensar el final cuando se trata de desarrollar un proyecto de vida, reconozcámoslo. No obstante, si, como se dice, las cosas se valoran cuando se pierden, no parece muy lúcido esperar a perderlas completamente para luego lamentarse de no haber dedicado más tiempo y energía a ellas. Las respuestas de cómo hay que vivir no vienen por arte de magia. Requieren, como relata Iván Ilich, experiencias y cuestionamientos límite que nos tensionan al máximo. Es la realidad, y negarlo no es en ningún caso una buena estrategia, más si nos referimos a la muerte y sus caras. Entre otras cosas porque eso nos hace pensar en la vida.

EL CORAZÓN TIENE RAZONES
QUE LA RAZÓN IGNORA

En pleno desarrollo del racionalismo, el francés Blaise Pascal (1623-1662) se atrevió a privilegiar la fuerza del corazón en el proceso de desvelo del misterio del mundo. Suya es la frase que da título a este capítulo y forma parte de uno de sus libros más célebres: *Pensées*.

Pascal fue un brillante pensador, científico y un devoto cristiano, y contrariamente a las interpretaciones populares que se han dado de su pensamiento, su sentido es eminentemente religioso. Lo que reivindica es la mente intuitiva[1] y la fuerza de la fe frente a la estricta razón en el conocimiento de los primeros principios. Pascal defendía que no solo se conoce la verdad por la razón, sino también por la fe, una de las virtudes teologales para comprender lo divino.

A pesar de ello, el dicho se utiliza hoy en día para explicar que algunas de las decisiones humanas no responden a patrones racionales, sobre todo cuando se trata de trances amorosos. *Las penas del joven Werther,* de Johann Wolfgang von Goethe, icono absoluto de la actitud romántica, han popularizado esta oposición. Rememorando a Freud, sin

---

1   P. Kreeft, *Cristianismo para paganos. Los «Pensamientos» de Pascal editados, esquematizados y explicados*, Madrid, Tecnos, 2016, p. 208.

embargo, podríamos decir que más que corazón habría que hablar de instintos y pulsiones, sumergiéndonos directamente en la dinámica del «ello», inconsciente pero no completamente desconocida. Incluso hay quien va más allá y considera que ni tan siquiera en el amor la relación entre mente y pasión es tan contrapuesta como se dice, es decir, que las razones del corazón no son tan insondables para la razón como podría parecer.

Un episodio apasionado

Rojo y negro (1830) es una de las novelas más importantes del también francés Henri Beyle —más conocido como Stendhal— y obra insigne de la historia de la literatura gala. La novela tiene dos partes y en ambas se disecciona con inigualable finura psicológica y precisión quirúrgica la dinámica del amor. La pasión, los celos, el engaño, la ambición social o el clasismo cultural son los ingredientes principales de unos personajes que reflejan lo mejor y lo peor de la condición humana.

La trama comienza en un pueblo que ilustra la Francia de la restauración monárquica, todavía agitada tras el fin del imperio de Napoleón Bonaparte. Los protagonistas principales de la primera parte son el alcalde de la población, el señor Rênal, su esposa y un joven de provincias e hijo de un carpintero contratado por la familia como preceptor de sus hijos.

El señor Rênal representa al típico hombre obsesionado con el poder y la ostentación. El mundo afectivo le interesa poco; por eso relega a su mujer, Luisa de Rênal, a un opaco segundo plano. La resignación se apodera de ella y las aspiraciones de su vida se centran en hacer de sus hijos hombres de reconocimiento público en los ámbitos sociales de la época —ejército, Iglesia o política—. A Julien Sorel, el preceptor, lo describe Stendhal como un joven estudioso de constitución física débil, pero con mirada inteligente y fogosa. Su vida hasta ese momento ha sido un continuo conflicto con los demás, de ahí el resentimiento que también se deja traslucir en él.

Julien quiere ir al seminario para proseguir sus estudios, así que en un principio no está muy dispuesto a aceptar el puesto de preceptor. Además, eso lo haría sentirse como un criado, lo que podría agravar su complejo social. Al final no tiene más remedio que aceptar; el sentimiento de humillación redobla su disposición a hacer lo que haga falta para escalar socialmente y cosechar éxitos.

Rápidamente, Julien cae en gracia y sus habilidades socioculturales lo hacen ser objeto de consideración por parte de la clase acomodada. El señor de Rênal ve con recelo la situación y llega a temer que el preceptor deje a sus hijos por los de otros. Julien explota esto en su beneficio y ve mejorada su remuneración. Paralelamente, despierta el interés entre las mujeres de la casa, tanto de la criada como de la señora de Rênal. Esta sabe que la diferencia de clase imposibilita cualquier juego amoroso, pero justo eso es lo que lo hace más atractivo.

Julien es consciente de su buena prensa y aprovecha este hecho para aupar posiciones en su propio imaginario. Poco a poco va superando sus complejos de clase y se acerca a Luisa de Rênal. Ella también va dejando a un lado sus imposiciones moralistas y recelos sociales y se entrega lentamente a lo inevitable. Julien, que en su voluntad de conquista combina el deseo propio de quien juega al amor y el cálculo de quien ve en ello la posibilidad de alcanzar sus propósitos, no pierde la cabeza. Debe evitar cualquier mala impresión en la señora; debe, por ejemplo, abstenerse de hablar de política. Su origen plebeyo y sus simpatías liberales podrían fácilmente poner en guardia a Madame de Rênal.

Ella, en cambio, va desarrollando una ilusión amorosa más neta hacia Julien. En una extraña mezcla de amor maternal y pasión jovial se entrega a ensoñaciones que hacen cada vez más insufrible el tedio de su vida real. No obstante, a fin de evitar el escándalo, todo debe permanecer en el secreto más absoluto e impedir que los sucesos queden al descubierto. El adulterio sería una terrible deshonra. A pesar de las cautelas, las cosas se tuercen cuando una carta anónima alerta al señor de Rênal de que está siendo engañado, y así, tras unas cuantas idas y venidas, Julien debe abandonar la casa y acabar por fin en el seminario.

La distancia física hará que, a partir de ahí, la vida de Julien tome otros derroteros, dejando a

Luisa de Rênal sumida en la más absoluta desesperación. Las cartas que ella le envía al seminario así lo atestiguan. A duras penas soporta su silencio, aunque no sabe que él no puede dar respuesta a sus cartas porque el rector del seminario las requisa de manera sistemática. Además, Luisa le dice que vive un proceso de conversión a la fe que la hace vivir su historia con remordimientos. Tras abandonar el seminario, Julien decide visitar a Luisa en su habitación, lo que vuelve a despertar en ella los deseos que quería desterrar. Para su mayor desesperación, descubre que el poder de seducción de Julien continúa intacto.

Rojo y negro prosigue con una segunda parte donde aparece otra mujer, Mathilde, lo que hace que la trama se quiebre y requiebre hasta la tragedia. Sin embargo, la historia entre Luisa de Rênal y Julien permite a Stendhal dejar para la posteridad una de las mejores escenas que retratan la dinámica psicológica del amor y el torbellino de emociones y sentimientos que este desencadena. Un elenco de comportamientos que, a pesar de las apariencias, no siempre esconden las mismas intenciones ni proyecciones.

En un momento de la historia, Julien se propone tomar la mano de Luisa:

La puesta del sol, que acercaba el momento decisivo, hizo latir de forma singular el corazón de Julien. Llegó la noche. Observó, con una alegría que le quitó un gran peso de encima, que esta sería muy oscura. El cielo, cargado de espesas nubes arrastradas por un viento muy cálido, parecía anunciar una tormenta. Las dos amigas pasearon hasta muy tarde. Julien encontraba raro todo lo que hacían aquella noche. Ellas gozaban con este tiempo, que para ciertas almas delicadas parece que aumenta el placer de amar.

Por fin se sentaron, la señora de Rênal al lado de Julien y la señora Derville junto a su amiga. Preocupado por lo que iba a intentar, Julien no encontraba nada que decir. La conversación languidecía.

«¿Estaré tan acobardado y tembloroso el día que me bata por vez primera?», se preguntó Julien, pues desconfiaba demasiado de sí mismo y de los demás para no darse cuenta del estado de su alma.

En su angustia mortal, hubiera preferido correr los más graves peligros. ¡Cuántas veces deseó que cualquier ocupación imprevista obligase a la señora de Rênal a abandonar el jardín y entrar en la casa! La violencia que Julien se hacía a sí mismo era demasiado fuerte para que no le alterase profundamente la voz; muy pronto, empezó también a temblarle la voz a la señora de Rênal, pero Julien no se dio cuenta de ello. La tremenda lucha interior que sostenía entre la timidez y el deber era demasiado ardua para que pudiera fijarse en nada fuera de sí mismo. Dieron las diez menos cuarto en el reloj del castillo sin que Julien se hubiese atrevido a hacer nada. Indignado de su cobardía, se dijo: «Cuando den las diez en punto, cumpliré lo que me he prometido hacer durante todo el día o subiré a mi cuarto y me pegaré un tiro».

Tras un último instante de espera y ansiedad, durante el cual la extremada emoción que sentía lo puso fuera de sí, dieron las diez en el reloj que estaba sobre sus cabezas. Cada campanada de esta hora fatal repercutía en su pecho y le producía como un dolor físico.

Por fin, cuando aún retumbaba el eco de la última campanada, extendió la mano y cogió la de la señora de Rênal, quien la retiró al punto. Julien, sin saber muy bien lo que hacía, la cogió de nuevo. Aunque estaba muy emocionado, no pudo menos que sorprenderse de la frialdad glacial de la mano que sujetaba; la estrechaba con fuerza convulsiva; notó el último esfuerzo que hacía para soltarse; pero por fin aquella mano permaneció en la suya.

Sintió su alma inundada de felicidad, no porque amase a la señora de Rênal, sino porque se veía libre de un espantoso suplicio.

Lejos de darse por satisfecho, Julien redobla la apuesta consigo mismo y el reto ya no solo consiste en superar la distancia con Luisa de Rênal, sino en hacerlo en presencia de su marido. Así que una noche, mientras el señor de Rênal se encuentra hablando de política de manera entregada, Julien acerca su silla a la de la señora de Rênal. La oscuridad de la noche lo protege y, tras descubrir el brazo de Luisa, lo besa. Mientras el señor de Rênal continúa sus improperios, Julien cubre de besos apasionados la mano que le había ofrecido la señora de Rênal. Para él es un juego, una demostración personal de que es posible superar sus propios miedos. Pero Madame de Rênal permanece atónita:

> ¿Estaré enamorada? —se decía—. ¿Será amor lo que siento? Yo, una mujer casada, ¿me habré enamorado? Pero yo nunca sentí por mi marido esta especie de sombría locura que hace que no pueda apartar a Julien de mi pensamiento. Y, en el fondo, no es más que un niño lleno de respeto por mí. Esto será una locura pasajera. ¿Qué le importan a mi marido los sentimientos que pueda inspirarme este muchacho? Seguramente se aburriría con las conversaciones que yo sostengo con Julien sobre cosas puramente ideales. Él no piensa más que en sus negocios. No le quito nada para dárselo a Julien.

El amor como cristalización

Stendhal es uno de los grandes clásicos europeos de la literatura amorosa, y no por azar. Antes de escribir *Rojo y negro,* ya había publicado, en 1822, un libro titulado *De l'amour.* La obra, que es una acumulación ponderada de reflexiones teóricas y experimentadas acerca del fenómeno del amor, constituye aún hoy un punto de referencia para el estudio del tema. En el segundo capítulo del libro, titulado «Del nacimiento del amor», Stendhal describe lo que le pasa a la persona que ama, dando forma a su conocida teoría del amor como cristalización.

«He aquí lo que le pasa al alma». Primero se admira. Se admira y reconoce el placer de interactuar afectuosamente con aquella persona que admira. Aparece la esperanza de vivir algo «grande» y la necesidad de interactuar físicamente con esa persona. El vínculo se fortalece y cristaliza: la persona amada, deseada, es adornada con múltiples perfecciones solo reconocidas por quien ama, lo que refuerza su deseo. Luego vienen las dudas, preguntas retóricas que sin embargo culminan en una segunda cristalización. El círculo amoroso se perfecciona, la inconmensurabilidad de la persona amada se consolida, el encaje en el esquema de deseo se consuma.

José Ortega y Gasset, como perspicaz pensador que fue, se refería a la concepción del amor de Stendhal con estas palabras: «esta teoría califica al amor de constitutiva ficción. No es que el amor yerre a veces, sino que es, por esencia, un error».[2] La cristalización, que en principio hace de la persona amada alguien especial, única, que colma la existencia de sentido, tiene que ver más con el sujeto amante que con su «objeto», más con la proyección que se desencadena que con la realidad de la persona amada.

Por eso la cristalización adolece, para Ortega, de al menos dos confusiones. La primera, que el amor no perfecciona. El enamoramiento es un estado de

2 J. Ortega y Gasset, *Estudios sobre el amor*, Madrid, Alianza, 1980, p. 24.

«miseria mental»,[3] de estrechez de la conciencia, de reducción arbitraria de los bienes de la vida a uno solo. Parece que todo palidece en la ausencia de la persona deseada, que no hay más salida que la prueba de amor de su parte. En este sentido, es tremendamente monótono, dice Ortega. Cada día es igual, se repite sin cesar la embriaguez del delirio amoroso. Luego, a medida que el tiempo pasa, otras puertas se abren y a veces uno se pregunta, incomprensiblemente, cómo podía estar enamorado de esa persona, reduciendo la carga trágica de un momento que había revolucionado la vida.

El segundo error tiene que ver con la identificación entre enamoramiento y amor. Ortega le achaca a Stendhal la utilización indistinta de uno u otro. El enamoramiento es la actividad en la que entra el alma amante, el éxtasis y trance vital al que uno se entrega y que desemboca en la anómala fijación descrita. El enamoramiento se asemeja a un arrebato místico, a una fusión trascendental que anula el peso de la cotidianidad; por eso no debe extrañar que tantas experiencias místicas recurran a imágenes eróticas para dar forma a su experiencia.[4] En cambio, para hablar de amor hay que referirse a algo más estable que el azaroso juego del enamoramiento.

El amor puede, ciertamente, arrancar de una experiencia de enamoramiento, según reconoce, pero

3   Ibíd., p. 37.
4   «Desde el aguardiente hasta el trance místico, son variadísimos los medios que existen para salir fuera de sí», dice jocosamente Ortega (ibíd., p. 58).

la principal diferencia se encuentra en el modelo de relación que se establece. En el enamoramiento es el propio sujeto el que experimenta el deseo fulgurante y la consecuente necesidad de poseer al otro. Queda a su merced, es una pasión, algo que acontece y lo arrastra. En cambio, el amor es actividad, precisa. Es un movimiento hacia fuera, centrífugo, del sujeto. «Amar una cosa es estar empeñado en que exista», «vivificación perenne, creación y conservación intencional de lo amado».[5] El amor tiene que ver con la ética, con la conservación del bien ajeno, y no solo con la satisfacción personal del deseo fulgurante de calmar una pasión. Y tiene que ver con la ética porque es ante todo elección.[6]

Dibujada así la distinción entre amor y enamoramiento, Ortega no puede por menos que sospechar que Stendhal nunca llegó a amar de verdad, o, a lo sumo, lo hizo sin fortuna o reciprocidad; de ahí que su posición sea más bien pesimista. Sus escritos así lo delatan. Aunque a la vista de la cantidad de amores que Stendhal confesaba haber tenido, los especialistas no se ponen de acuerdo en este juicio.

Así que tal vez Stendhal no fuese amado, o que no amara con autenticidad orteguiana, pero

5 J. Ortega y Gasset, «Facciones del amor», en *Estudios sobre el amor, op. cit.,* pp. 20-21.

6 En «La elección en amor» (*Estudios sobre el amor, op. cit.,* pp. 66-101), Ortega insiste en la idea de elección en el contexto amoroso, que se vincula directamente con la ética, en el sentido que más tarde desarrollaremos.

sí fue apasionado. Y como las pasiones que a uno lo vivifican transitan en ocasiones al margen de la reciprocidad, para Stendhal vale también lo que Ortega decía acerca del verdadero horizonte de la pasión amorosa: «Me permito insinuar que detrás de todo eso [la casuística de los amores] están los mayores problemas del erotismo y, en el rango supremo, este que Platón formuló hace veinticinco siglos».[7]

El eros y el anhelo de perfección

Aristocles, más conocido como Platón (en griego, el de las anchas espaldas), nació entre el 428 y el 427 a.C, probablemente en Atenas, y murió hacia los 80 años también en la actual capital griega. Fue discípulo del primer gran filósofo de la historia, Sócrates, al que acompañó en su vida hasta su muerte por obligado suicidio. El método mayéutico socrático, que consistía en interpelar y cuestionar una y otra vez al interlocutor, ponía en entredicho la supuesta sabiduría de sus prójimos. Y eso es justo lo que Platón hace en sus obras. Escritas en forma de diálogo, Sócrates encarna casi siempre la voz autorizada que encauza las discusiones planteadas. A diferencia de los sofistas, que por entonces se tenían como los sabios de la época (*sophia:* «sabiduría» en griego), Platón se

7   Ibíd., pp. 32-33.

consideraba a sí mismo un filósofo, un amigo de la sabiduría (*philia:* «amor amical»).

Sus escritos, que por lo que se cree se han conservado en su totalidad, tienen una notable intención pedagógica. Al estar redactados en forma dialogada, el seguimiento argumental y filosófico no es complicado. Además, algunos de los pasajes están acompañados de narraciones que funcionan a modo de ejemplos, lo que facilita aún más su comprensión. Una de esas narraciones es la «Alegoría de la caverna», seguramente el relato platónico por antonomasia, donde el autor pone en juego muchos elementos de su filosofía y nos habla de una manera didáctica de la erótica del conocimiento.

Imaginemos, dice Platón, la situación siguiente: en una caverna bajo tierra se encuentran unos prisioneros encadenados e inmovilizados. Están situados de cara a la pared más lejana y de espaldas a la entrada, y en ella ven esbozadas unas imágenes que corresponden a las sombras que a través de un fuego proyectan unas figuras transportadas por otros hombres. Es como si estuvieran en un cine —sin saber que se trata precisamente de un cine, claro está—, solo que la película corresponde a las sombras proyectadas por unos objetos de los que no tienen conocimiento. De esta forma, para los prisioneros no existe más que eso que ven, que es la verdadera y única realidad.

¿Qué pasaría si se liberara a uno de los prisioneros y se lo obligase primero a mirar las imágenes que transportan esos otros hombres, al fuego que proyecta sus sombras y más tarde a ascender hacia el exterior de la caverna? Seguramente, dice Platón a través de Sócrates, el prisionero se preguntaría acerca de la veracidad de las sombras que ha estado observando. Parecerían reales, aunque a medida que fuera ascendiendo hacia fuera y siguiendo la luz externa que entra por la abertura de la gruta, caería en la cuenta del absoluto engaño de la caverna en su conjunto. Una vez en el exterior se percataría de algo más: las cosas que ahora podía ver son más reales, no solo porque remiten a objetos de verdad, sino porque son iluminados por el mismo sol; una luz cegadora e imposible de observar directamente, no como la del fuego que daba forma a las sombras en el interior de la cueva.

Para Platón hay dos órdenes: el mundo de las ideas y el mundo sensible. Las ideas o formas constituyen la verdadera realidad y son eternas e inmutables, a diferencia del mundo sensible, que capta nuestros sentidos y que es continuamente cambiante. El mundo sensible es accesible mediante los sentidos, pero estos solo nos permiten conocer lo particular. Las ideas, en cambio, existen independientemente de nosotros y de las cosas, y forman parte del reino de lo universal, la auténtica realidad.

En un famoso fresco de Rafael Sanzio, *La escuela de Atenas* (1510-1512), esto queda ilustrado a la perfección. Platón, que comparte con Aristóteles el protagonismo central de la composición, aparece apuntando con el dedo hacia arriba, hacia el mundo de las ideas, mientras que Aristóteles, que fue un discípulo aventajado pero crítico de Platón, abre la palma de la mano hacia abajo, como refrenando el ímpetu idealista de su maestro y subrayando la importancia del mundo físico.

Volviendo a la caverna, una vez que el prisionero liberado hubiera completado el itinerario de ascenso al exterior concluiría que la realidad del interior de la caverna es doblemente falsa, esto es, una copia de lo que vemos en el mundo exterior y, a su vez, una realidad derivada de la auténtica. Es decir, las sombras del fondo de la cueva son triplemente artificiales, puesto que se trata de sombras que remiten a imágenes no naturales que copian realidades externas y que están proyectadas por un fuego que pretende imitar al sol.

Además, el relato plantea otro elemento que está relacionado con la fuerza que permite al prisionero simbólico emprender la salida de la ignorancia cavernícola. Al prisionero se lo obliga a observar la caverna, pero la imposición de este proceso no responde la pregunta. Los que son maestros lo saben de primera mano: se puede alentar a conocer, incluso obligar en determinados momentos, pero no se puede generar la fuerza que hace del conocimiento una necesidad propia. Eso es algo que debe brotar del interior de cada uno.

¿Cuál es la fuerza que lleva al prisionero a seguir la luz que destella al final de la cueva? Una de las respuestas que da Platón se encuentra en el *Banquete* (aproximadamente del 380 a.C.), diálogo de la época de madurez en el que trata de la realidad y el poder del «eros».[8]

Para los griegos, el amor era polisémico. No es lo mismo amar a una persona que desearla, o amar a la familia que a los amigos, o querer a los seres vivos y al universo en general. Por eso su tradición habla de cuatro grandes tipos de amor: *storge* —un amor fraternal, comprometido y estable que evoca un sentimiento protector y filial—, *philia* —solidaridad, hermandad y amor al prójimo, que suele traducirse por amistad—, *eros* —un amor apasionado y sexualizado que tiene que ver con la idealización del momento— y *agape* —el amor más incondicional y universal, que se extiende al bien de todo ser, desde el más inferior al más superior.

El *Banquete* comienza cuando Sócrates es invitado de improviso a la casa de Agathon, un joven poeta trágico ateniense de formación sofista que festeja la obtención de su primer gran premio dramático. Cuando Sócrates llega se encuentra con que los comensales se disponen a pronunciar, cada uno de ellos, un discurso acerca de las cualidades de Eros.

El diálogo comprende siete discursos de alabanza a Eros, que representan diferentes facetas o máscaras de la pasión amorosa.[9] El amor como relación pedagógica entre un adulto y un púber, el amor

---

8   I.M. Crombie, *Análisis de las doctrinas de Platón. I. El hombre y la sociedad*, Madrid, Alianza, 1979, p. 197.

9   G. Reale, *Eros, demonio mediador. El juego de las máscaras en el «Banquete» de Platón*, Barcelona, Herder, 2004.

como la armonía de los opuestos, el amor como reconciliación de la unidad antropológica perdida, el amor como identidad entre la pasión y lo amado o, al revés, el amor como cualidad central del amante, son algunas de las definiciones que se proponen.

En un momento dado, Sócrates toma la palabra y afirma, para sorpresa de todos, que la persona que más sabe del amor es una mujer, Diotima. Fue de esta sacerdotisa y vidente de quien aprendió la verdadera naturaleza del eros. La extraña circunstancia de que Sócrates no sea la voz directa de la sabiduría es interpretada de manera diferente por los especialistas. Así, mientras que para algunos es obvio que la sabiduría superior de Sócrates proviene de la revelación de una vidente (Werner Jaeger o Gerhard Krüger), para otros Sócrates se disfraza de Diotima para aparecer enmascarado tras su rostro (Giovanni Reale). En todo caso, lo que resulta más notorio es que quien revela la naturaleza última del eros es una mujer, y no solo por la poca relevancia genérica que en esos tiempos se otorgaba a las mujeres, sino porque el eros del que nos habla Platón en el *Banquete* es fundamentalmente homosexual.

Diotima le muestra a Sócrates que Eros es un *daimon* o entidad cósmica que se halla entre lo humano y lo divino, entre lo mortal y lo inmortal. Sin embargo, lejos de constituir esto una debilidad, es justo lo que le permite vincular y comunicar ambas esferas.

El mito de su nacimiento lo narra de manera elocuente:

Cuando nació Afrodita los dioses celebraron un banquete y, entre otros, estaba también Poros, el hijo de Metis. Después de que terminaron de comer, vino a mendigar Penía, como era de esperar en una ocasión festiva, y estaba cerca de la puerta. Mientras, Poros, embriagado de néctar —pues aún no había vino—, entró en el jardín de Zeus y, entorpecido por la embriaguez, se durmió. Entonces Penía, maquinando, impulsada por su carencia de recursos, hacerse un hijo de Poros, se acuesta a su lado y concibe a Eros [...]. Siendo hijo, pues, de Poros y Penía, Eros se ha quedado con las siguientes características. En primer lugar, es siempre pobre, y lejos de ser delicado y bello, como cree la mayoría, es, más bien, duro y seco, descalzo y sin casa; duerme siempre en el suelo y al descubierto, se acuesta a la intemperie en las puertas y al borde de los caminos, compañero siempre inseparable de la indigencia por tener la naturaleza de su madre. Pero, por otra parte, de acuerdo con la naturaleza de su padre, está al acecho de lo bello y de lo bueno; es valiente, audaz y activo, hábil cazador, siempre urdiendo alguna trama, ávido de sabiduría y rico en recursos, un amante del conocimiento a lo largo de toda su vida, un formidable mago, hechicero y sofista. No es por naturaleza ni inmortal ni mortal, sino que en el mismo día unas veces florece y vive, cuando está en la abundancia, y otras muere, pero recobra la vida de nuevo gracias a la naturaleza de su padre. Mas lo que consigue siempre se le escapa, de suerte que Eros nunca está falto de recursos ni es rico, y está, además, en el medio de la sabiduría y de la ignorancia (*Banquete*, 203b-203d).

Eros es un *daimon* contradictorio. Por un lado está a la espera de lo perfecto, de lo bello y de lo pleno, y por eso mismo no se le confiere la plenitud, ya que de por sí es carente, imperfecto y necesitado. El ejemplo de la sabiduría es un buen referente: Eros tiende a ella —es hijo de Poros—, pero no la posee y, en el fondo, está destinado a no alcanzarla nunca —su madre es Penía—. Por eso el eros es una pasión que nos constituye y define como seres finitos e ignorantes en busca de lo absoluto. Es lo que explica que el prisionero de la caverna siga en pos de la luz, del conocimiento total, del Sol. De hecho, eso es la filosofía —¿o deberíamos decir mejor *erosofía*?—, una insaciable disposición a buscar más y mejores comprensiones de las cosas que, aplicada al amor interpersonal, nos conduce por diferentes peldaños a la conquista de la Belleza.

La lucidez del deseo

La apariencia de un cuerpo bello es el punto de partida para el apetito de lo bello en sí, dice Diotima. Pero tras el impacto visual se accede a un segundo escalón erótico que lleva al reconocimiento de un alma bella. Y un alma es bella porque tiene unas cualidades, unas virtudes que la hacen apetecible más allá de su envoltorio. La profundización en la experiencia erótica nos desvela entonces que lo que de veras nos llega no es la belleza corporal ni la anímica en general, sino la contemplación de las virtudes cardinales —la templanza, la fortaleza, la prudencia o la justicia— a través de un cuerpo, antesala de la contemplación del Bien en sí, la Idea de las ideas platónicas y meta última del impulso erótico.

Así que cuando uno se deja llevar por la pulsión erótica no se entrega a un dinamismo ciego. Puede que no sepa exactamente hacia qué se dirige, pero uno no siente deseos por desear. Es hacia el propio bien a lo que tiende, una meta de horizonte amplio que da sentido a la fuerza motriz del eros. Habrá quien destaque más el elemento corporal que el anímico, o incluso la reputación social y la capacidad de poder, pero en todos los casos la fuente de atracción es algo que se considera «bueno» y altamente deseable.

Desde una estricta visión antropológica, lo más prudente es decir que cada cual colorea su bien y lo hace atendiendo a sus razones. Eso explica por qué el esquema erótico platónico, que se enraíza en un mundo donde el amor homosexual entre jóvenes y adultos no se veía con especial desdén al considerar que el amor heterosexual ofrecía pocos atractivos intelectuales a los hombres, ha servido de base para algo tan antagónico, *a priori,* como la concepción cristiana del deseo antropológico.[10] Desprovista del

---

10   M. Cruz, *Amo, luego existo. Los filósofos y el amor,* Madrid, Austral, 2012, pp. 26ss.

fuerte componente sexual, corporal, presente en el relato platónico, la concepción espiritualizada de Agustín de Hipona (siglo IV) llamó Dios a ese «bien» al que tiende el ser humano. Por no hablar de las tradiciones místicas más neoplatónicas, que explican los éxtasis espirituales del alma por medio de metáforas de fuertes connotaciones, aquí sí, sexuales.

En todos los casos, sin embargo, no hay que dejar de contar con una dificultad estructural. El eros es, por propia naturaleza, insatisfacción. El mito de su nacimiento da cuenta de la trágica convergencia de la opulencia y la carencia. Eros tiene la fuerza de desear lo que no tiene, pero cuando lo obtiene, deja de desearlo. Es la misma gracia que muchos le encuentran al juego erótico. Gozan más del proceso de cortejo y de conquista de aquello deseado que del cuidado de la meta lograda. Y esto que se observa en el mundo de las relaciones también ocurre con cualquier objetivo que uno se proponga.

No es que quien más tiene más quiere; es que se quiere lo que no se tiene, porque lo que se posee ya no interesa. No es un bien que apasione. La autoafirmación placentera del logro caduca y se pasa a un ajuste de cuentas interno y desmitificador. Y no puede ser de otra manera: el deseo erótico tiene que ver de manera fundamental con uno mismo, con la voluntad de poseer algo sin lo cual creemos que es imposible lograr un estado de plenitud. Es lo que le sucede a Luisa de Rênal cuando se siente cortejada por Julien, pues ello representa la vía para salir de su vida anodina, la puerta de entrada a un nuevo mundo, a una nueva vida. Y justo por eso constituye un proceso que poco tiene que ver con el ser amado. En el deseo erótico el motor principal no lo otorga el otro, la persona que está enfrente. Más bien, ella es el motivo que pone en marcha el ansia erótica, la fuerza que nos llena y da sentido a la búsqueda.

Todos conocemos la tremenda sensación de vacío que nos deja la ausencia de un deseo erótico en una relación amorosa. La chispa se ha ido, decimos. Pero la persona que creíamos que lo despertaba sigue ahí. ¿Cómo es posible? Ese bien superlativo que ella representaba para nosotros ya no es tal.

Por eso mismo la propia naturaleza del deseo da pie con facilidad al malentendido y a la confusión. Cuando se desea se ve lo que se quiere ver. Uno se enamora e interpreta todos los hechos desde esa óptica, por lo que aparecen las dudas respecto de lo acertado o no de la interpretación. Luisa de Rênal interpretaba el acecho de mano de Julien como una prueba del deseo ferviente que el joven sentía por ella, y, sin embargo, para Julien se trataba de un eslabón más en la superación del complejo social que lo atormentaba. Cada uno a lo suyo, decimos de manera coloquial, porque, en efecto, el deseo tiene un punto de enajenación, de ruptura con la realidad y de trascendencia hacia lo que queremos poseer.

La pasión erótica nos dibuja, pues, un escenario en el que nos sentimos atravesados por un deseo, una voluntad infinita de vivir, como diría Arthur Schopenhauer, que exige poseer el bien anhelado como condición de posibilidad para la propia felicidad. Después, ya sea porque se logra ese bien preciado, porque nos rehúye o porque poco a poco languidece, nos damos cuenta de que esa pasión era hiperbólica.

Todos somos Eros, y no por elección. Es pasión, algo que nos sucede de manera involuntaria y que se mueve caprichosamente. Frente a ello, el amor, menos espectacular y más discreto, tiende a ser pensado como algo estable y más activo (Ortega). Y hay motivos para verlo así: a una persona a la que se ha amado se la ama más o menos siempre, con mayor o menor intensidad. Una vez pasado el mal de amores que acompaña toda ruptura, siempre que no haya habido sentimiento de maldad u oprobio, es factible que el deseo ético por el bien del otro pueda reaparecer. La pasión, en cambio, no se puede inventar.

También es posible que coincidan las dos realidades de alguna forma, claro está. Pero son las menos de las veces, por no decir una dichosa excepción. Amar apasionadamente y durante mucho tiempo es casi una dádiva de los dioses. Por eso hay que reconocer que, de ordinario, la dinámica amorosa es como es y si bien enamoramiento y amor brotan de un mismo magma emocional, transitan por caminos diferentes. Tienen razones divergentes. Y así, mientras la pasión lucha para que el otro, que es su propio bien, sea al fin seducido, el amor se afirma como la voluntad de que al otro le vaya bien. Es una experiencia ética.

Querer llevarse bien con los demás aparenta ser un propósito de lo más normal y un consejo práctico de sentido común para tener una buena vida. Pero no todo el mundo quiere llevarse bien con su entorno. Hay quien simplemente evita llevarse mal. Así que la dualidad entre querer o no querer llevarse bien con las personas que conforman nuestro entorno no solo remite a la psicología, la sociología y hasta la economía, sino que, ante todo, revela que estamos hablando de un deseo.

Cuando nos hallamos inmersos en el juego erótico la otra persona desempeña un papel fundamental. En función de cómo nos vayamos sintiendo confirmaremos que estamos mejor o peor en la relación. Según lo que nos suponga esa presencia, cuán pesada o cuán ligera sea —«alegría» proviene del latín *alacer,* que entre otras cosas significa «ligero, ágil»—, será deseable o prescindible. Sin embargo, no pocas veces comprobamos que hay personas o situaciones con las que a pesar de querer llevarnos bien no vuelan solas, llevan demasiado lastre, son relaciones que se encallan. ¿Qué hacer? ¿Desistir y dejar que languidezcan o tratar de vivificarlas detectando qué es lo que ancla sus desarrollos?

A tenor de lo que Ortega y Gasset propone como diferencia entre amor y deseo, la resolución del dilema remite a la ética. El amor puro, sin mezcla de deseo, no existe: para amar o ayudar a la persona que lo reclama tiene que haber un deseo de hacerlo. Con todo, que se dé esta híbrida condición en los actos amorosos no eclipsa que tengan que ver con una determinación, con un acto[1] encaminado a la conservación del bien ajeno. No se ama de manera indiscriminada, sino a un «tú» o alteridad concreta, única. Por eso Ortega sostiene que quien ama busca la vivificación perenne, la creación y conservación intencional de lo amado.

La vida y la ética

Pero la ética no solo tiene que ver con los otros. Tiene que ver con uno mismo y con las relaciones que se tejen hacia afuera a partir del compromiso vital que se adquiere con el propio proyecto de vida. La ética tiene que ver con uno mismo y con los demás, con la construcción biográfica que todos

---

1 «El amor no es un proceso, es un acto», asume también el filósofo cristiano Alejandro Llano en *Deseo y amor* (Madrid, Encuentro, 2013, p. 51). El amor tiene en la tradición cristiana un profundo enraizamiento en la experiencia religiosa de Dios, que además determina por completo la experiencia ética del creyente. Un poco más adelante veremos cómo la idea del acto amoroso entronca a la perfección con la tradición aristotélica de la virtud como hábito anímico, lo que no forzosamente desemboca en una comprensión teológica del proceso de decisión ética.

hacemos de nosotros y con el sentido que como colectividad otorgamos a nuestra comunidad.

La vida del propio Ortega es paradigmática al respecto. Nacido en el Madrid de finales del siglo XIX, el interés por la filosofía lo llevó a conocer Alemania e interactuar con sus múltiples centros de difusión. La experiencia en el extranjero generó en él una profunda conciencia del atraso cultural que sufría España, así que, una vez de vuelta, se propuso llevar a cabo una revolución cultural con el fin de mejorar el nivel general de la educación. Colaboró con el diario *El Sol* mediante textos que interpelaban sobre cuestiones de la vida —aquí hemos citado algunos—, y en 1923 fundó la Revista de Occidente, un sello editorial destinado a divulgar en castellano las obras de pensamiento y cultura más relevantes del momento. Con el estallido de la Guerra Civil en 1936, siguiendo el camino de tantos otros, tuvo que exiliarse. De nuevo en España, en 1948 fundó el Instituto de Humanidades, clausurado poco después. Murió en 1955, con más reconocimiento en el extranjero que en España.

El impacto de la dictadura franquista en la vida anímica de Ortega fue devastador. Sentía que todos sus esfuerzos por modernizar y liberalizar la cultura de sus conciudadanos no habían servido de nada. Su vida se veía atenazada por una sombra de absurdo y vacío existencial que, según relataba, le era difícil sobrellevar. Sus apariciones públicas fueron cada vez menores, también porque el régimen franquista se encargó de arrinconarlo. Pero para Ortega lo peor era el juicio interior. Estaba fatalmente desmoralizado. El compromiso que como intelectual había adquirido era ante todo ético, vital, y sentía que su labor había fracasado de manera estrepitosa.

Es evidente que si la labor de Ortega hubiese sido en balde, ahora no estaríamos refiriéndonos a su figura. Como en tantos otros casos, su «superyó» era más despiadado que la realidad de los hechos, que dan objetiva cuenta de cómo el *ethos* de su vida tuvo un notable eco en unos cuantos intelectuales de la época, como José Luis López Aranguren, por mencionar un caso, autor de *Ética* (1958), obra que todavía hoy se utiliza como punto de partida en muchas aulas universitarias.

La palabra *ethos* remite, como detalla López Aranguren, a dos significados posibles: la morada, el lugar en el que se reside o habita (primer sentido), y el carácter o modo de ser (segunda acepción). Por influjo de Aristóteles se ha acabado imponiendo este segundo sentido para *ethos,* y así decimos que, etimológicamente, *ethos* significa «carácter».

El *ethos* se contrapone al *pathos,* es decir, se refiere a algo activo, que se genera por hábito. A diferencia de las pasiones, que a uno lo embargan, la ética modela el modo de ser, el carácter a base de una relación deliberada y constante con los sucesos. Como en tantas otras cosas, la riqueza del sentido griego del vocablo original se pierde con su traducción al latín. La palabra que la lengua de Cicerón acuñó para el *ethos* griego fue *mos,* y de aquí «moral». *Mores,* el plural de *mos,* significa «costumbres», como detalla el propio Cicerón.

Hay quien habla de moral y de ética de manera casi sinónima, aunque lo cierto es que remiten a significados diferentes. La moral debe entenderse como un conjunto de costumbres; son los sistemas de comportamiento más o menos establecidos de una sociedad o grupo y casi siempre lleva apellido: moral cristiana, moral hedonista, moral relativista. La ética, en cambio, remite al carácter propio del ser humano, que se pregunta por el sentido de su acción, incluso si eso pone en jaque la moral imperante de su entorno.

Se vive en la moral, bien porque uno la construye o bien porque uno la reproduce. Y entre sus posibles configuraciones media precisamente la experiencia ética. Se parte de una moral y se interactúa con ella al preguntarse por su estructura o idoneidad. Eso pone en marcha la reflexión crítica. Luego, una vez puesta en duda la moral imperante, llega la tarea de reconstruir una manera de relacionarse con el mundo, tarea que difícilmente puede darse por concluida una vez abierta la senda ética y asumido que el camino no viene preestablecido.

Si vivir es decidir, entonces vivir es una constante experiencia ética. Ya sea porque decidamos seguir los patrones que hemos recibido por convicción o interés, o porque aspiremos a encarnar el espíritu rebelde de enfrentarse a todo lo que nos rodea y hacer todo como mejor nos parezca, vivimos la vida de forma ética. Y lo hacemos para hacer de nosotros mismos una morada más habitable y confortable para nuestros objetivos vitales.

Hay condicionamientos nada livianos que pesan en la forma de construir nuestra biografía, sin duda. Sin embargo, aquí nos inclinamos a presuponer la capacidad de poder interactuar con ellos. No hay manera de demostrarlo, cierto, porque una libertad demostrada no sería libertad. Como lo expresaba Immanuel Kant, la autonomía de la voluntad remite a la libertad, que es la posibilidad de comportarse trascendiendo la necesidad natural. Libertad que, por cierto, comparte raíz etimológica con «libido». Ambas remitirían a Loebasios, dios itálico del vino, de ahí que «libertinaje» tenga el significado cultural y moral que tiene. Freud dejó bastantes escritos al respecto —su obra *El malestar en la cultura* resulta imprescindible—; también acerca de la relación entre el «superyó» cultural y la represión de los instintos erótico-tanáticos.

Asimismo, dado el contexto de creciente conocimiento científico puede que algún día se descubra que la totalidad de la experiencia humana reside en la estructura neurológica. Entonces sabremos que ya no cabe hablar de libertad, de justicia ni de bondad. Serán meras palabras, interpretaciones ornamentales de hechos biológicos. No obstante, y a falta de tales certezas, demos entretanto más espacio a la espontaneidad creativa y busquemos ser más felices ayudándonos a nosotros mismos y a los demás a vivir bien, para lo cual no hay otro camino que presuponer la libertad.

¿Cómo lograr actuar bien?

Somos morales porque vivimos en un sistema de creencias y somos éticos porque nos preguntamos si ese sistema es bueno.

¿Y qué significa «bueno»?

«¿Qué puedo saber?», «¿qué debo hacer?», «¿qué me cabe esperar?» y, en definitiva, «¿qué es el hombre?» son las grandes preguntas que para Immanuel Kant (1724-1804) brotan de la experiencia humana. A la primera de ellas responde la metafísica, incidiendo en los límites del conocimiento; a la segunda, la ética, que descubre en lo relativo del día a día lo incondicionado; a la tercera, la religión, asumida como el horizonte ideal que da sentido a la vida; y a la cuarta, la antropología, que en su despliegue incluye todas las anteriores.

Immanuel Kant es uno de los filósofos más decisivos de toda la historia. Suena a afirmación tópica, ciertamente, pero en este caso no hay ni pizca de grandilocuencia. Todas las grandes cuestiones filosóficas, tarde o temprano, se confrontan con sus planteamientos: ¿existe el mundo?, ¿cómo saberlo?, ¿existe algo bueno en el mundo? Y Dios, ¿qué papel tiene en todo esto? Se coja el camino que se prefiera al final siempre atiende a una paradoja kantiana.

Kant vivió en los tiempos en que la transición a la Ilustración ya no tenía marcha atrás, un movimiento cultural que dominó gran parte de la Europa occidental del siglo XVIII y que propugnaba que la razón era el faro desde el cual había que iluminar la vida, dejando de lado las supersticiones, las creencias infundadas y los intereses materiales. Del propio Kant es uno de los lemas más conocidos de la Ilustración: ¡atrévete a saber!: *¡sapere aude!*

El sustrato familiar materno de Kant estaba muy ligado al pietismo religioso protestante, así que desde muy pequeño convivió con el rigor moral como uno de los pilares de la vida anímica. Esto se deja notar en su filosofía práctica, acusada de excesivamente rigorista. En efecto, si algo caracteriza su propuesta ética es la noción del «imperativo categórico», el «tú debes». Es decir, si hacer bien las cosas significa llevar a la máxima expresión aquello que se quiere realizar —por ejemplo, hacer bien un ejercicio es completarlo de la mejor manera posible; una buena comida consiste en satisfacer en grado máximo el apetito y juicio culinario—, entonces vivir bien tiene que ver con llevar la vida a su máxima perfección.

Claro que en este punto no hay acuerdo: ¿qué significa perfeccionar la vida? ¿El desarrollo de una praxis que se atenga a las consecuencias concretas de las acciones (consecuencialismo)? ¿O el cumplimiento de un ideario moral que se asuma como algo *a priori* y que no dependa de los vaivenes de la vida (deontologismo, del griego *deon,* «deber»)?

Kant no duda en que se halla en la segunda opción, donde hacer bien las cosas es atenerse, libremente, a las directrices de lo que es imperativo y no relativo. Falta definir qué es lo imperativo.

Para acotar la respuesta, hay que tener en cuenta el ambiente cultural de la Prusia del siglo XVIII. La noción de obligatoriedad era un elemento fundamental del derecho de la época,[2] aunque no quedaba claro si lo obligatorio era un medio para conseguir algo —obedezco para no ser castigado— o un fin en sí mismo —obedezco porque es lo que hay que hacer, porque es lo bueno—. Kant dedicó unos cuantos años —se dice que más de 12—[3] a desarrollar sistemáticamente los elementos implicados en esta cuestión, antes de publicar en 1785 la *Fundamentación de la metafísica de las costumbres,* uno de los libros más bellos e importantes de la historia de la ética.

Para Kant, la experiencia ética remite fundamentalmente a la libertad, a la autonomía del ser humano. Y libertad significa capacidad de determinarse. La libertad no se puede demostrar, sino que se presupone; pero esto no debe ser entendido como un problema, sino justo como su propia característica. ¿Hasta qué punto una libertad demostrada podría ser llamada todavía libertad? Una cartografía precisa, lógica, que trace una prueba, significaría que la libertad se somete al reino del cálculo y de la razón demostrativa, lo que para Kant es un contrasentido. La libertad se opone al reino natural

2   E. Cassirer, *Kant, vida y doctrina,* Madrid, FCE, 1993, p. 274. Ernst Cassirer, también prusiano, fue uno de los mejores conocedores de la filosofía kantiana y uno de los exponentes más importantes de la escuela neokantiana de Marburgo. De origen judío, terminó sus días en Estados Unidos, exiliado por el avance del nazismo.

3   Ibíd., p. 281.

de la causalidad, donde los fenómenos sí se pueden explicar, repetir y prever.

Presupuesta la libertad como un dato que está ahí, enigmático, en lo que hay que indagar es en el modo en que uno puede determinarse bien. Y para eso Kant desecha que sea la felicidad o cualquier otro elemento utilitarista. ¿Por qué? Por la misma noción de principio: si asumiéramos que la libertad remite a algo externo a ella misma —un logro, un sentimiento, un objeto—, entonces estaríamos ligándola a algo relativo y, por lo tanto, contingente. Lo que define la experiencia ética es su deseo de universalidad; de ahí que lo que es «bueno» en sí mismo nunca puede ser un caso particular; debe valer siempre y para todos los casos: «yo nunca debo proceder de otro modo, salvo que también pueda querer ver mi máxima convertida en ley universal», escribe Kant.[4]

La ética no puede ser, pues, un listado de ejemplos concretos. No hay que confundir lo «bueno» con lo «agradable» a la hora de discernir lo que debemos considerar para determinarnos. Lo «bueno» remite a algo que se establece de manera objetiva, mientras que lo segundo a algo meramente subjetivo.[5] Es importante tener en cuenta que cuando Kant habla de hallar motivos objetivos se está refiriendo a algo vinculado de manera estricta a la

4   I. Kant, *Fundamentación para una metafísica de las costumbres*, Madrid, Alianza, 2008, p. 76 (A 17).

5   Ibíd., p. 92 (A 38).

razón. Gracias a la razón podemos trascender el reino de la causalidad física, natural y relativa, de modo que es la racionalidad lo que nos hace seres verdaderamente autónomos. Frente a las éticas sentimentales que encuentran en las sensaciones el fundamento de lo «bueno», Kant establece el principio de la «razón» como elemento decisivo.

Un principio objetivo es, pues, un mandato de la razón. Y Kant no discute ni la unidad de la razón ni su universalidad, y mucho menos su valor intrínseco. No se trata de algo relativo ni de un añadido a nuestra naturaleza. Al revés, solo porque somos seres racionales podemos ser dignos, dice, ya que la dignidad de un ser racional se establece por la capacidad de regularse a partir de un concepto objetivo, es decir, universal y racional.[6]

Parece un círculo vicioso pero no lo es. Lo que nos propone Kant es una ética «racional» en la que la voluntad se determina en virtud del principio de la razón, que ella misma encarna y establece. Es la propia libertad la que erige el principio al que ella misma se somete. Sin embargo, no puede ser algo subjetivo, ya que sería concreto y relativo al propio interés. Ella misma se obliga a actuar conforme a su propia voluntad y universalidad a la vez, y al establecer un principio «racional» ya no es posible acusarla de seguir juicios contingentes y particulares. Es legisladora y sometida al mismo tiempo. Por eso es enteramente libre.

6   Ibíd., p. 123 (A 77).

¿Y qué establece este imperativo categórico para la voluntad? ¿Cuál es el mandato que nos revela?

La formulación del imperativo categórico kantiano tiene varias versiones. La primera de ellas ya la hemos mencionado antes: obra de tal modo que puedas querer que tu máxima pueda convertirse en ley universal. Es decir, no solo consiste en tratar a los demás como queremos que nos traten, sino en procurar que lo que uno hace sea susceptible de ser hecho por otros a otros. Cuando una libertad autónoma se dice a ella misma «mi máxima es no atentar contra el bienestar de ninguna persona» debe estar asumiendo que lo que afirma vale para todo el mundo, sin excepción. De lo contrario, para Kant no hablaríamos de un juicio ético.

La ética kantiana no prescribe qué acciones concretas se ajustan al principio formal categórico. Hacerlo sería negar la autonomía de la voluntad. Ese es el ejercicio de la libertad por el cual cada individuo se determina y descubre el modo en que debe comportarse en cada situación a la luz del imperativo categórico.

En otra formulación, el rechazo a lo utilitario queda todavía más claro. Estaremos actuando bien para Kant si obramos de tal forma que tengamos «a la humanidad, tanto en tu persona como en la persona de cualquier otro, siempre al mismo tiempo como fin y nunca simplemente como medio».[7] No vale con tenerse a uno mismo como fin y a

7   Ibíd., p. 116 (A 67).

los demás como medios; o, al revés, con poner al prójimo siempre por delante y relegarse uno mismo como medio. Si para Kant todos los seres humanos somos merecedores de dignidad por ser racionales, teniendo en cuenta que lo racional es deseable en sí mismo sin más «razón» que lo avale, toda la humanidad debe ser considerada como fin. Es así como se establece un «reino de los fines», un colectivo en el que cada miembro individual se legisla de manera universal en virtud de la ley moral y procura que las relaciones que se establecen entre sus semejantes respondan a ese mismo principio categórico.

La razón, la diosa razón. Todo el edificio kantiano se sustenta en el presupuesto de su universalidad y validez *a priori,* y aunque a día de hoy este concepto de razón pueda parecernos algo desfasado, sería injusto no considerar lo radicalmente revolucionario de su afirmación en unos tiempos en los que la revolución liberal por antonomasia, la francesa (1789), comenzaba a derrumbar los vestigios de la Europa estamental y del Antiguo Régimen.

Dicho esto, tenemos que asumir que eso de *la* razón tal vez ni siquiera exista, y que en el mejor de los casos quizá remita a un constructo social o a un tejido neurofisiológico. En el peor, acaso se utilice para presentar con mejor cara los intereses más egoístas de los individuos y los colectivos —«razón de Estado», se dice a veces.

Para complicar más las cosas, no faltan ejemplos de actos funestos perpetrados en nombre de la razón y su imperativo. Tal fue el caso del teniente coronel de las ss Adolf Eichmann, quien, acusado de organizar decisivamente el transporte de los judíos a los campos de exterminio nazis manifestó al tribunal que lo juzgaba que lo único que él hizo fue cumplir su deber, a la kantiana. Nunca sabremos si semejante desfachatez responde, como sugiere Hannah Arendt,[8] a la banalidad intelectual de un personaje que se declaraba admirador de Kant. Suficiente tenemos con tener que asumir que lo sostenía con universal convicción y sin reparos de conciencia. Él obedecía, simple y llanamente, a pesar de la aberrante razón —a saber, que los judíos no eran seres dignos— que alentaba sus actos.

Mirarse a los ojos

Precisamente para evitar perversiones de este tipo, Emmanuel Lévinas defendía que la clave de la ética no se puede encontrar en la autonomía y en el descubrimiento del imperativo que en ella habita. La vía kantiana no vale; no se puede encontrar la ley moral en el fondo de su corazón y en el examen de conciencia. Eso enmascara un subjetivismo radical y potencialmente peligroso en el que los otros son reducidos a meros sucedáneos. El caso de Eichmann es su peor tergiversación. La clave de la experiencia

8   H. Arendt, *Eichmann en Jerusalén*, publicado en 1963, un conocido y polémico libro de esta autora en el que la misma lleva a cabo un estudio del personaje y sus acciones, que provocativamente subtituló *Un estudio sobre la banalidad del mal*.

ética reside en lo concreto, no en lo universal, en la relación cara a cara con esos «otros».

Lévinas nació en 1906 en Kaunas (Lituania) en el seno de una familia judía burguesa. Desde pequeño fue instruido en el judaísmo, también en el Talmud, lo que condicionaría de manera decisiva su itinerario intelectual. Con el estallido de la Primera Guerra Mundial, en 1914, su familia tuvo que emigrar a Ucrania, donde vivieron en primera persona la revolución bolchevique. Finalizada la guerra, su familia regresó a Lituania y, hacia mediados de los años veinte, Lévinas se trasladó a Estrasburgo, Francia, para estudiar filosofía.

A menos de cien kilómetros al sur de Estrasburgo se encuentra la ciudad alemana de Friburgo de Brisgovia, que por entonces era el principal centro de difusión de la fenomenología. Edmund Husserl y su discípulo Martin Heidegger eran los principales representantes de una nueva manera de hacer filosofía que se proponía ir a las cosas mismas, los fenómenos (de ahí *fenomenología*). Lévinas acabó tan prendado de esta forma de acercarse al pensamiento que escribió su tesis doctoral sobre Edmund Husserl.

Durante esos años entró en contacto con la fenomenología existencial de Heidegger, estructurada, como hemos podido ver, en torno a la temporalidad y la finitud del *Dasein*. Sin embargo, la fascinación por la metafísica heideggeriana dejó paso a la zozobra por la alineación de este con el nazismo. Heidegger fue nombrado rector de la Universidad de Friburgo (1933-1934) por los nazis, lo que lo situaba en la esfera de los postulados nacionalsocialistas. Lévinas, que se había nacionalizado francés a principios de los años treinta, no pudo perdonar a Heidegger la connivencia con una visión del mundo tan destructiva y antisemita.

Durante la Segunda Guerra Mundial Lévinas fue movilizado por las fuerzas armadas para servir de intérprete de ruso y de alemán, y, como tantos, fue hecho prisionero y trasladado a un campo de concentración alemán. Por fortuna, la condición de militar francés le permitió sortear el «tratamiento especial» por el cual la mayoría de judíos eran liquidados en los campos. También su mujer y su hija pudieron salvarse al permanecer escondidas en un convento católico en Orleans. Su familia lituana no corrió la misma suerte y fue exterminada.

Lévinas siempre estuvo ligado de manera activa a la promoción de la tradición judía, y, de hecho, la presencia de la concepción judía de la existencia se trasluce en muchos de sus escritos. La relación directa con el tú, el «otro», la preeminencia de la ética sobre la filosofía teorética y la relación entre pregunta filosófica y trasfondo bíblico y talmúdico son elementos reconocibles en sus escritos. A finales de los años cincuenta Lévinas comenzó a participar de modo regular en los coloquios de intelectuales judíos organizados por la sección francesa del Congreso Judío Mundial. Tras dedicar toda su vida al estudio y a la cuestión ética de la aceptación de la alteridad, murió el día de Navidad de 1995.

Si ética y vida van siempre de la mano, en el caso de Lévinas la relación es todavía más estrecha. Judaísmo europeo, experiencia del Holocausto y pasión por la filosofía existencial se entrecruzan en una propuesta que se resume en un concepto: el «rostro».

Tradicionalmente, la filosofía ha tendido a buscar la respuesta a la pregunta por la estructura de la realidad en la ontología. *Ontología* es una palabra de origen griego que significa «ciencia o discurso del ente», siendo «ente» el participio del verbo «ser». Es decir, que se refiere al estudio de lo que existe, de lo que hay y de sus propiedades. Lévinas entiende que la estrategia que sigue el establecimiento de una ontología es la sistematización de todo en relación con un principio, el «ser», que se entiende como algo unitario y que homogeneiza todas las diferencias. Todas las cosas «son», así que por muy diferentes que sean, al menos todas son.

Pero aunque lo parezca, la ontología no articula un procedimiento neutral del pensamiento que descubre la unidad de las diferencias en el «ser» de las cosas, advierte Lévinas. Al revés, lleva todas las cosas a una unidad que el sujeto pensante necesita encontrar, una «totalidad» que somete las particularidades, también las de las personas.

Por eso, cuando Kant trata de derivar de una pregunta íntima del sujeto consigo mismo el principio de la ética caería en un pensamiento totalitario. En *Totalidad e infinito. Ensayo sobre la exterioridad* (1961), seguramente su obra más conocida, Lévinas propone salir del propio sujeto y de estas estrategias que él considera totalizadoras para abrirse a la verdadera experiencia de la existencia, que no es el misterio del «ser» como dato neutro y cosificado, sino la interpelación del «otro».

Estamos en un mundo relacional, lo afirmemos o lo neguemos, y eso constituye la realidad existencial primaria. La relación con el «otro», tema que aparece de manera recurrente en muchos pensadores europeos de tradición judía —el reconocido libro de Martin Buber, uno de los grandes nombres de la época, se titula justamente *Yo y tú*, de 1923—, es el principal rasgo de nuestra experiencia vital. El «otro» nos afecta siempre, y no podemos ser «yo» sin la referencia, positiva o negativa, al «otro».

Fundamentalmente, el «otro» nos apela, y su simple presencia nos llama a la responsabilidad. La palabra «responsabilidad» guarda un sustrato etimológico con el verbo «responder». Ser responsable es ser capaz de dar respuesta ante una situación. No importa cómo, para eso está el proceso de deliberación, pero hay que responder de alguna forma. Para Lévinas esta responsabilidad primaria hacia el «otro» convierte a cada uno de nosotros en agentes éticos. La ética no tiene que ver con la dilucidación de lo que es el «bien» o el «mal». Eso viene luego. Antes estamos llamados, convocados, a una relación con el «otro», y no podemos renunciar a ella.[9]

9   En una conferencia de 1982, después publicada como *Ética como filosofía primera*, Lévinas afirma que la pregunta radical de la

Dicho de otro modo: no puedo plantearme relacionarme con los demás porque la relación está dada antes de que yo la establezca. El «otro» ya está ahí, de manera concreta, por eso es un «rostro» (*visage,* en francés), unos ojos que me miran, una voz que me llama. Se impone la relación cara-a-cara, aunque por «rostro» no hay que entender la mera suma de las partes de una cara, sino que se refiere a una presencia que me apela. Esa interpelación que provoca en mí, esa llamada a la responsabilidad, ya me dispone en la vía de la bondad, dice Lévinas.[10] La superación de la monotonía y de la angustia de la soledad, de la precariedad existencial y el encadenamiento al individualismo, pasa precisamente por este camino de bondad. Todo lo demás son trampas al solitario.

No obstante, avisa Lévinas, la experiencia ética es ante todo mala conciencia. Así como la ontología se consuma con sus estrategias totalizadoras y fijadoras, la ética nos sitúa en el camino de una responsabilidad inagotable en relación con el «otro». Jamás hay fin en la responsabilidad hacia los demás, hacia cada una de las alteridades que

filosofía no es «¿por qué hay ser y no más bien nada?», que tendría que ver con la ontología y la metafísica, sino «¿cómo el ser se puede justificar?», que apunta a la ética.

10   «La bondad no se irradia sobre el anonimato de una colectividad. [...] Consiste en ir allí, donde ningún pensamiento esclarecedor —es decir, panorámico— la precede, en ir sin saber a dónde. Aventura absoluta, en una imprudencia primordial, la bondad es la trascendencia misma». E. Lévinas, *Totalidad e infinito. Ensayo sobre la exterioridad,* Salamanca, Sígueme, 1999, p. 309.

nos encontramos en la vida. Esta inagotabilidad abre la puerta al infinito, a la experiencia de un presente que se excede a sí mismo y que nunca llega a reconciliarse consigo mismo. El futuro, dice Lévinas, no es más que el apelar inalcanzable del «otro», la infinita apertura de nuestra responsabilidad hacia los demás.

Entre lo humano y lo divino

Así pues, por un lado tenemos a Kant, que apela al diálogo interno en conciencia para descubrir la ley moral incondicionada, cuyo cumplimiento no depende de ningún elemento externo a ella misma; por el otro tenemos a Lévinas, que reivindica la exterioridad, la irrupción apelativa e inesperada del «otro» en nuestro ecosistema relacional. Para Kant dicha exterioridad conlleva entrar en el mundo de las condiciones, de las concreciones fácticas, lo que nos aleja del juicio ético categórico que trasciende las vicisitudes particulares. En cambio, Lévinas incide en que la pretendida interioridad no es más que la estrategia totalizadora del pensamiento cosificador defensivo. Abstrayendo todos los prójimos que nos encontramos como un todo uniforme —la humanidad, por ejemplo—, llevamos a cabo el proceso de reducción de toda la diversidad a nuestra imagen y semejanza.

A primera vista parecería que estamos ante dos propuestas opuestas, que se contrapesan; pero si las observamos con un poco más de detenimiento ambas convergen en similitudes estructurales muy relevantes.

Es cierto que para Kant la dignidad reside en la racionalidad de los sujetos, que se revela en la capacidad de autonomía, algo que para Lévinas es altamente peligroso. Quien pueda decidir quién tiene y quién no racionalidad podrá deducir su dignidad, y de ahí la posibilidad, en casos extremos, de decidir sobre su igualdad con respecto a los dignos —los judíos para los nazis, los infieles para los fundamentalistas o los extranjeros para los xenófobos—. Por eso reivindica el «rostro», la presencia inmediata del «otro», lo que nos descubre en una relación de responsabilidad infinita hacia él. Ahora bien: ¿quién encarna ese «rostro»? ¿Cualquier ser con el que me encuentre enfrente? ¿Todos los seres merecen la misma respuesta por mi parte? Tanto Kant como Lévinas probablemente responderían que sí. Y para ambos se trataría de una respuesta categórica que no podría distinguir entre rostros (Lévinas) o entre seres humanos que son todos ellos un fin en sí mismo (Kant).

Por eso parece que, sin menoscabar las diferencias y críticas cruzadas apuntadas, las propuestas de Kant y Lévinas son las dos caras de una misma moneda: la de un principio de responsabilidad ético incondicionado y metasubjetivo absoluto. En ambos se da un proceso de interpelación incondicionado ante el cual el sujeto se siente reclamado y responde, trascendiéndose. Y es un proceso que además tiene otros dos elementos en común: la utopía o imposibilidad de lograr una experiencia ética completamente satisfactoria en el mundo y la apelación a Dios como último garante del deber ético.

La promoción del sumo bien en Kant tiene que ser posible para no convertirse en algo disparatado. Pero que sea posible no significa que sea necesariamente alcanzable; más bien todo lo contrario. La plena adecuación de la voluntad con la ley moral equivale a la santidad,[11] algo que ningún ser racional mundano puede lograr mientras participe del mundo sensible. La única respuesta plausible al proceso de perfeccionamiento de la voluntad es que ese proceso sea infinito, lo que exige que el alma sea inmortal.

Si para Kant la libertad es el primer postulado de la razón pura práctica, el segundo es el de la inmortalidad del alma. Por eso su *Fundamentación de la metafísica de las costumbres* comienza con una de las afirmaciones más lapidarias de su filosofía: no es posible pensar dentro del mundo, ni tampoco fuera del mismo, nada que pueda ser tenido por bueno sin restricción alguna salvo una buena voluntad. Cualquier acción será siempre imperfecta, teñida de cierta condicionalidad (mundanidad) en la búsqueda del propio interés.

Pero claro, lo utópico ha de tener algunos visos de posibilidad, aunque sean solo ideales. Por eso

11   I. Kant, *Crítica de la razón práctica,* Madrid, Alianza, 2000, p. 237.

el tercer postulado es el de la existencia del Sumo Bien, donde ley moral y felicidad coinciden. La ley moral no asegura por sí ninguna relación directa entre felicidad y buena voluntad porque la ley moral solo nos indica cómo debemos hacernos dignos de ser felices. Así, para Kant se hace imprescindible postular la existencia de un Sumo Bien en el que ambas coordenadas, moralidad y felicidad, confluyan, pues es Dios la causa organizativa del conjunto de las vicisitudes.

Dios desempeña entonces un doble papel: es el ejemplo de la voluntad totalmente buena y el fundamento de la esperanza de que ser moralmente buenos puede comportar un estado de felicidad que la ley moral no garantiza.[12]

Este sistema de postulados puede parecernos una compleja elucubración, pero si acudimos a la biografía de Kant la cosa se clarifica. Como hemos apuntado antes, sin el pietismo no se entiende la ética kantiana. Kant creció en un ambiente familiar de marcado pietismo religioso cuya principal advertencia, persistente e insistente, era la de desconfiar de los motivos del corazón. El placer era el principal escollo de cara al crecimiento espiritual, esto es, el desarrollo de la independencia del alma.

En el caso de Lévinas, la impronta religiosa le viene dada por el judaísmo y su recelo hacia los grandes relatos teológicos. Hablar de la huella del

12   Ibíd., pp. 240-251.

infinito[13] es referirse a la imposibilidad de encontrar una palabra que lo exprese —eso sería una estrategia más de la ontología—. En el contexto de una relación de responsabilidad infinita con el «otro» Dios aparece como lo último deseable, lejano y próximo a la vez, y lo santo.[14] La trascendencia divina se convierte para Lévinas en una dialéctica de cercanía y lejanía que no puede decirse ni pensarse en términos del «ser», sino que enlaza con la proximidad del prójimo y la responsabilidad infinita que me demanda.[15] Sin Dios es incomprensible la propuesta de Lévinas. De hecho, una de las críticas más importantes vertidas sobre su ética tiene que ver con esta referencia a lo divino, que algunos interpretan como la reducción de la filosofía a un mero rehén de principios teológicos.[16]

Kant y Lévinas representan dos caras de una misma moneda y ejemplos paradigmáticos de lo que comporta un tipo de ética de máximos, es decir, un imperativo incondicionado, una responsabilidad utópica y una apertura a lo trascendente de la ética. Con esto, además, nos marcan el camino a la importante y radical pregunta por las relaciones

13   C. Chalier, *La huella del infinito. Emmanuel Lévinas y la fuente hebrea,* Barcelona, Herder, 2004.

14   E. Lévinas, *De Dieu qui vient à l'idée,* París, Vrin, 1982, p. 113 [trad. cast.: *De Dios que viene a la idea,* Madrid, Caparrós/Fundación Emmanuel Mounier, 2001].

15   Ibíd., p. 125.

16   D. Janicaud, «Le tournant théologique de la phénoménologie française», en *La phénoménologie dans tous ses états,* París, Gallimard, 2009, pp. 65-82.

entre filosofía y teología, y más concretamente por el papel que Dios debe jugar en la reflexión filosófica, una de las cuestiones transversales a toda la historia de las ideas. Luego nos referiremos a ello.

Una felicidad posible

Pero en el contexto de la pregunta que nos ocupa en este capítulo —¿qué significa llevarse bien con los demás?— conviene dejar claro que hay otras respuestas que no conllevan el establecimiento de un principio de valoración absoluto e incondicionado más allá de la propia acción. Al revés, casi invitan a rehuir la tentación de buscarlo.

Es el caso de Aristóteles (384/383-322 a.C.), cuya propuesta filosófica no refleja el idealismo de las obras más significativas de su maestro Platón, sino que las revisa y critica hasta el punto de darles la vuelta.

Para Aristóteles es el mundo físico el principal punto de interés del conocimiento. Con ello no negaba la existencia de las ideas, pero las situaba en este mundo. A diferencia de lo que propugnaba Platón, sostiene que no existen como realidad suprasensible fuera de la inteligencia, de modo que lo único verdaderamente suprasensible es, si acaso, la inteligencia, no las ideas.

Acorde con este espíritu, la ética de Aristóteles es consecuencialista. Frente al deontologismo ético, decíamos, se alza el consecuencialismo, un modelo de reflexión ética que parte de las consecuencias de las acciones llevadas a cabo. Lejos de buscar la verdad de la ética en la idea del Bien, Aristóteles remite la bondad de la acción a las consecuencias de los actos que se pretenden llevar a cabo. Por eso Rafael Sanzio lo pinta en la mencionada *La escuela de Atenas* con la palma de la mano derecha hacia abajo, mientras que con la izquierda le hace sostener uno de sus libros sobre ética.

Del consecuencialismo no se deriva una concepción caprichosa de la ética. La de Aristóteles es una ética teleológica, es decir, que se dirige a un fin concreto (*telos*, «fin» en griego), de modo que todo debe estar orientado a la consecución de este fin. Para el estagirita el fin último de todos los fines concretos es la felicidad. Pero por «felicidad» no hay que entender el placer, el honor ni el poder. El bien supremo al que puede aspirar el hombre es a perfeccionarse a sí mismo, llevando a cabo y al máximo las posibilidades de su *ethos*, su carácter. La vida feliz no es hacer lo que a uno se le antoja, sino ser capaz de ponderar bien si eso que a uno le apetece le conviene en realidad a su proyecto de felicidad.

Para saber si se está en el camino de la buena ponderación, Aristóteles considera imprescindible acudir a la razón. El ser humano, como ser racional que es, dispone de una herramienta única que debe desarrollar para encontrar esa felicidad. Aquí Aristóteles no se encuentra muy lejos de Platón o de Kant, ya que también para él la razón es lo que hace diferente al ser humano del resto de seres, de modo que en su cultivo se encuentra su especificidad y singularidad.

Aun así, lo interesante en este sentido es el aspecto finalista de la ética aristotélica. Teleológica y práctica, ya que lo uno va con lo otro. A diferencia de Kant, de la experiencia no encontramos un principio ético *a priori*, y con respecto a Platón, no asume una idea de Bien que guíe la búsqueda ética. Al contrario, en la medida en que uno va viviendo y va interactuando con las cosas que le van pasando es como avanza en la dilucidación de aquello que le conviene en realidad, esto es, en la concreción de su horizonte de felicidad.

En este esquema cobra especial relevancia el concepto de «virtud». En la ética aristotélica la virtud se relaciona con la fuerza o capacidad para realizar alguna cosa. «Virtud» proviene del latín *virtus,* que remite a *vir,* «hombre», y de ahí, por ejemplo, virilidad. Más allá del denunciable machismo cultural que la idea destila, una persona virtuosa es aquella que es capaz de llevar a cabo una determinada acción de forma satisfactoria. Y lo es porque ha adquirido esa posibilidad, esa potencia. Las virtudes son hábitos que se desarrollan a lo largo del tiempo y que dan como resultado una disposición. Una violinista virtuosa, por ejemplo, es aquella que tiene la capacidad técnica de poder tocar una melodía e interpretarla de tal manera que la distinguen de otro violinista. Y será cada vez más virtuosa en tanto en cuanto sea capaz de perfeccionarla, es decir, de repetir y ensanchar una y otra vez esa aptitud técnica y expresiva.

Ser virtuoso es imprescindible para aspirar al proyecto de una vida buena, de una vida feliz, dice Aristóteles. Dependiendo del horizonte de felicidad se potenciarán unas virtudes por encima de otras, pero en toda persona virtuosa aparece una misma constante: su virtuosidad depende directamente de su prudencia. Por eso, para él, solo la persona prudente es la que puede aspirar en realidad a ser feliz.

La audacia de la prudencia

En situaciones de gran complejidad, cuando las decisiones a tomar parecen tener un alcance más grave que en tiempos ordinarios, se suele apelar a la prudencia. Como si se tratara de un antídoto ante el peligro, al reclamarla uno espera poder templar y redirigir unos impulsos que, sospecha, pueden comportar más complejidades. Con todo, decidir con prudencia no implica necesariamente ser conservador o timorato ante una determinada situación. Incluso puede ser todo lo contrario.

Aristóteles la define como la capacidad de descubrir por medio de la deliberación racional el bien de la acción a emprender. Es decir, es la habilidad de saber encontrar por medio de la reflexión qué hay de óptimo y qué no en las acciones que se quieren llevar a cabo. Por lo tanto, la prudencia es el esfuerzo lúcido por leer correctamente una situación y encontrar, tras considerar todas las opciones posibles, aquella acción que ayude a solventar de manera satisfactoria el problema.

La prudencia implica saber en qué terreno nos estamos moviendo, qué dinámicas entran en juego en cada momento y cómo desentrañar las posibles consecuencias de las decisiones planteadas para decidir, entre ellas, cuál se cree que razonablemente reporta más beneficios. Una conducción prudente, por ejemplo, es aquella que no se pone en riesgo a sí misma ni amenaza la de los demás; y es obvio que para ello el exceso de velocidad supone una grave imprudencia. Pero conducir a una velocidad demasiado lenta puede ser igual de arriesgado. Por eso es en el justo medio entre los extremos donde se encuentra la opción óptima. No en vano, el código de circulación establece tanto una máxima como una mínima.

Ser prudente no implica, pues, tomar una postura conservadora. Al revés: comporta desechar cualquier opción que se considere timorata. La virtud aristotélica se halla en el justo medio entre los extremos. ¿Cómo saber a qué velocidad exacta hay que conducir? Pues dependerá de la situación: si es de día o es de noche; si llueve o no; si hay mucho tráfico o no, etc. El justo medio de cada situación remite a la situación misma, y es la prudencia, la virtud dianoética, la que tiene que ver con la capacidad de razonar, la encargada de iluminar la mejor opción posible.

Cada decisión vital, cada relación interpersonal, implica atreverse a buscar la mejor solución factible y plausible en aras de la felicidad final a la que aspiramos, que es luz de luces que guía toda deliberación prudente, toda decisión ética, todo hábito virtuoso. «Es propio de un hombre prudente el ser capaz de deliberar sobre lo bueno para sí y lo que le conviene».[17]

Podemos decir entonces que hacer bien las cosas implica una actitud práctica, fundamentalmente consecuencialista, que conlleva ser consciente de lo que significa «bien». La voz cantante la llevaría Aristóteles, al subrayar que lo «bueno» es lo que aporta felicidad, buen ánimo. Pero tampoco estamos lejos de lograr una especie de gran síntesis entre el modelo aristotélico y el kantiano, puesto que para Aristóteles la buena deliberación exige la idoneidad de la elección en función del fin general, el bien de la felicidad, que es el desarrollo práctico de las capacidades propias de cada uno.[18] Difícilmente llegará alguien a ser plenamente feliz, porque siempre se tendrá que deliberar, que elegir, con lo que se pondrá en jaque la posibilidad de no acertar con la elección. La praxis prudente exige ser capaz de leer en cada situación lo que de verdad conviene, circunscribiendo el principio general

17   Aristóteles, *Ética a Nicómaco,* libro VI, 5, Madrid, Alianza, 2001, p. 186.
18   «Uno es prudente no solo por conocer el bien, sino por ser capaz de practicarlo» (ibíd., libro VII, 10, p. 223), una postura que aleja a Aristóteles del intelectualismo socrático y platónico.

de la búsqueda de la felicidad a su hallazgo en la situación concreta. Algo que se acerca al imperativo kantiano de tratar a la humanidad, nosotros incluidos, como fin en sí mismo.

¿Se deriva de esto un solo patrón de relación para todos los individuos? Obviamente, no. Por eso Lévinas reclama ver al «otro», como un rostro, como un particular inigualable, aunque no de una manera unívoca, hay que puntualizar, porque no es lo mismo la mirada del verdugo que la de la víctima. Se hallaría presente la tentación de homogeneizar con la mejor de las intenciones los modelos de interacción personal, dejando de lado la particularidad ética de cada persona como elemento determinante de la relación a establecer. Todos somos seres humanos, así que todos debemos ser tratados por igual. Pero esto funciona como *a priori* o ideal general, ya que luego hay que alzarse con audacia y atreverse a construir, en cada caso, la mutua felicidad que una relación puede aportar. Lo que es un fin en sí mismo es cada uno de los seres humanos, no las relaciones que se establecen, y cada relación es relativa. Dependerá, pues, de la actitud de los participantes en cada una de las relaciones hacer de ellas espacios de bienestar o de malestar.

Dice el refrán que dos no se pelean si uno no quiere. Lo mismo puede decirse al revés: dos no se llevan bien si uno no quiere. Ciertamente, no es lo mismo llevarse bien con los compañeros del trabajo que con los vecinos o con el primo segundo que vemos dos veces al año. Ni tampoco, dentro de cada una de estas grandes esferas, las relaciones que se establecen son idénticas y permanentes a lo largo del tiempo. Pueden ser parecidas, análogas, pero las analogías que podamos establecer asumen precisamente la diferencia. Por eso son similares, no idénticas. Así que cada caso es su propio caso, comparable y único a la vez.

Conviene ser prudentes para saber encontrar el punto medio en cada situación. Y, en efecto, a la prudencia aristotélica la podemos unir con el deontologismo kantiano, porque el arte de llevarse bien con los demás es el desarrollo de la capacidad, práctica, de tratarnos unos a otros como fines en nosotros mismos permitiendo y potenciando para cada caso la propia felicidad, relativa y comparti- da. John Stuart Mill (1806-1873), representante del consecuencialismo utilitarista inglés, popularizó aquello de que «mi libertad termina allí donde empieza la de los demás». Al egoísmo ético que supone el principio utilitarista contrapone Mill, como su adecuado contrapeso, la certeza de que no hay verdadera felicidad propia sin la percepción de la felicidad de los demás. Somos animales sociales.

Llevarse bien con los demás es un arte, quizás el más exigente, pero no una utopía. A la dialéctica que parte de «arriba», del deber incondicionado que emana del imperativo o de la interpelación absoluta del «otro», sin paliativos, contraponemos la dialéctica que mira desde «abajo», que asume la relatividad de la felicidad y el bien para cada uno como un proceso de constante construcción acorde con los vaivenes de las contingencias. Tampoco hay que caer, por ello, en la distopía, un concepto atribuido al propio Stuart Mill, que, en oposición a la utopía, plantea la elucubración teórica de un modelo que lleva al extremo posibilidades no deseables. Una vez más, Aristóteles, el término medio entre las luces y las sombras: ni enteramente egoístas ni ingenuamente dadivosos, sino prudentes.

«Entre el absolutismo y el relativismo, entre el emotivismo y el intelectualismo, entre el utopismo y el pragmatismo», la cuestión es «si el hombre es capaz de algo más que estrategia y visceralismo. Si es capaz de comunicarse. Si es capaz de compadecer».[19] Rompamos una lanza por nosotros mismos y digamos que sí, que somos capaces de eso y de más audacias. Los humanos no somos una pasión inútil.

19   A. Cortina, *Ética mínima. Introducción a la filosofía práctica,* Madrid, Tecnos, 2012, p. 53.

Si Dios no existe, todo está permitido. Así de implacable se muestra Iván Karamázov, uno de los personajes centrales de la novela de Fiódor Dostoievski, *Los hermanos Karamázov* (1880).

Iván representa el carácter atormentado del ateo que lo es por convicción, como respuesta ética ante la realidad que contempla. ¿Cómo justificar el sufrimiento de los niños? «Si los sufrimientos de los niños vienen a completar la suma de sufrimientos necesaria para obtener la verdad, yo afirmo de antemano que la verdad no vale semejante precio», clama Iván. Dostoievski, que perdió a su hijo Aliosha durante el proceso de elaboración de la novela, pone en boca de Iván el dolor de quien sabe lo que significa ver morir a un niño. Iván Karamázov se rebela ante la creación de Dios y la posibilidad del mal en un mundo que ya no es, como decía el filósofo alemán Gottfried Wilhelm von Leibniz, el mejor de los mundos posibles.

En uno de los pasajes más conocidos de la obra, a Iván se le aparece un caballero ruso de cierta edad, con mechones canosos incrustados en su oscura cabellera. Es el ángel caído, el mismísimo diablo. Tras intentar evadir su presencia, mental, Iván finalmente se entrega al envite dialéctico. Afirmando que se trata de una alucinación, no deja de repetirse como un mantra que todo es mentira, a lo que el diablo le contesta que eso no es así, pues en el fondo sí existe. «Tú eres yo, yo mismo, pero con otro rostro», le dice el atormentado ateo, lo que obviamente agrada al diablo.

Como más sabe el diablo por viejo que por diablo, poco a poco lleva al desubicado Iván al terreno que quiere. Juega a confundirlo, y a pesar de parecer su propia alucinación, le dice que tiene vida propia. Es capaz de expresar, sin tapujos, nuevos pensamientos, verdades terroríficas e inconfesables que anidan en el corazón de los hombres, como la que tiene que ver con la creencia en Dios, por ejemplo. Creer en el diablo se puede, ¿pero en Dios? «¿Ni siquiera tú crees en Dios?», le pregunta Iván. «¿Existe Dios o no existe?», insiste. «Te juro que no lo sé», responde el diablo. Y añade: «Tú y yo tenemos la misma filosofía. […] *Je pense, donc je suis,* esto lo sé yo a ciencia cierta; en cambio, todo lo demás, todo cuanto me rodea, todos esos mundos, Dios y hasta el propio Satanás, todo ello para mí está por demostrar».

La duda metódica de René Descartes (1596-1650), el punto de arranque de la filosofía moderna, comportaba como primera e infalible verdad el famoso «pienso, luego existo» *(cogito ergo sum).* Nada más podía tenerse por realmente cierto, por principio indubitable. Todo lo demás quedaba fuera del terreno de la evidencia hasta entonces dada por cierta. La revolución era absoluta; se rompía toda una tradición que ponía al sujeto al servicio del objeto, de lo externo. Ahora era al revés, era el sujeto el que trazaba, desde su propia evidencia, el camino para demostrar la existencia del resto de supuestas realidades.

En el delirio de Iván, el diablo —sustantivo que remite al verbo griego *diabellein,* y que entre otras cosas significa «separar», «desunir»— se vale de Descartes y de su revolucionaria sentencia para justificar su escepticismo. El mundo no es lo que (a)parece. La realidad puede resultar engañosa; las certezas más evidentes pueden ser como los oasis que creemos ver en medio del desierto. Separarse del mundo que damos por cierto y reflexionar acerca de él implica aislarse de él, separarse de su verdad y entregarse a la duda. Este proceso, que el diablo sabe que es doloroso, debe culminar con la eliminación por parte de la humanidad de la idea de Dios. Ni más, ni menos.

«Ni en dioses, reyes ni tribunos, está el supremo salvador», afirma la letra de *La Internacional,* fijada pocos años antes de esta novela, en Francia. Karl Marx había acusado a la religión de ser el opio del pueblo, el narcótico que impedía la transformación del mundo por parte de las clases oprimidas. En este pasaje de *Los hermanos Karamázov,* Dostoievski, que de joven simpatizó con las ideas del socialismo utópico, siendo por ello deportado a Siberia, le hace decir al diablo que hay que acabar con la idea de Dios. Toda la antigua ideología, la antigua moral y el orden a ella asociado, caerán por su propio peso. «Cada uno sabrá que es mortal en cuerpo y alma, sin resurrección, y aceptará la muerta orgullosa y tranquilamente, como un dios». Entonces los humanos se unirán entre ellos para exprimir de la vida todo lo que sea posible aprovechar, para buscar la dicha y la alegría en este mundo. Es en este sentido, añade el diablo, que todo le estará permitido. «Como quiera que no existe Dios, ni la inmortalidad, nada impide al nuevo hombre hacerse hombre-dios, aunque sea él solo en todo el mundo, y ya, desde luego, en su nuevo rango, saltarse con alegre corazón todos los obstáculos morales del anterior hombre esclavo, si es preciso».

Es el camino de vuelta que hemos visto que propone Immanuel Kant. Él transitaba de la libertad a la inmortalidad, y de esta a Dios. Pero si Dios no existe, tampoco hay inmortalidad, y si solo queda la libertad, entonces nada la coarta, contraargumenta el diablo. Por eso ella misma es para sí su propia divinidad. En el Edén bíblico la astuta y diabólica serpiente alerta a Eva de que Dios les ha prohibido, a ella y a Adán, comer el fruto del árbol del conocimiento del bien y del mal para evitar que se conviertan en dioses. Dios los amenaza con la muerte porque teme dejar de ser «Dios» para ellos. Eva la escucha y come; Adán la sigue, y así toman conciencia de sí mismos y de su desnudez. En ese momento se esconden de Dios, hecho que los delata. ¿Cómo saben que están desnudos sino por haber comido el fruto del árbol prohibido? De meras criaturas han querido pasar a ser dioses. El diablo los ha seducido, y lo ha conseguido porque sabe que el ser humano, en su aspiración divina, es capaz de todo.

La experiencia religiosa

El relato de la caída explica así el desorden del mundo. El mundo era una creación que Dios consideraba buena (Génesis 1), pero el tentador fruto hizo que el plan se truncara. Con todo, el escándalo de la existencia del mal, consecuencia de la realidad del sufrimiento, no queda mitigado con esta historia veterotestamentaria, sistematizada como doctrina del «pecado original» durante los primeros siglos de nuestra era. Y más cuando la cuestión se baraja en el contexto de la pregunta por la existencia de un Dios trascendente y benévolo.

Dios, su existencia y su relación con el mundo forman parte de los grandes temas de la historia de las ideas. Su función y la fuerza explicativa del mundo —¿por qué existe?—, del sistema moral —¿por qué debo o no hacer determinadas cosas?— y de la incerteza de la muerte y su más allá son cuestiones de suficiente peso como para entender su protagonismo. Sin embargo, cuando uno pregunta «qué es Dios», no queda claro si nos estamos refiriendo a lo mismo. Ni siquiera acotando el debate al sentido del monoteísmo, bíblico, del término, que es el más próximo para nosotros.

Grosso modo puede decirse que la perspectiva cristiana ha entendido la religión como una fe, una confianza en un Dios personal, único, absoluto y eterno, que con la revelación ofrecida a la humanidad brinda a sus criaturas una guía espiritual y ética para orientarse de manera satisfactoria por esta vida, temporal. En función de cómo se desarrolle esta, tras la muerte su eternidad será celestial o infernal. Aunque simplificada y muy genérica, y sin dar cuenta de la riqueza de matices de una tradición religiosa tan compleja como la cristiana, esta síntesis nos es suficiente para ejemplificar los dos sentidos de religión que la palabra puede tener.

Según el jurista y filósofo romano Cicerón (siglos II-I a.C.),[1] la palabra «religión» proviene del latín *relegere*, «releer», de manera que la entiende como la relectura atenta y reflexionada de los sucesos de la existencia. Frente a las supersticiones, que arrojan conclusiones a partir de prejuicios y miedos, la religión es una aproximación más cabal a la realidad, según defiende Cicerón. Por eso tiene cultos y no ritos, y dice basarse en razones, socialmente compartidas, y no en ciegos impulsos. El credo cristiano, por ejemplo, pretende afectar la visión de la vida en su conjunto a partir de una cosmovisión que se comprende a sí misma como un contrapunto o referente necesario para orientar al creyente de manera exitosa (espiritualmente hablando) por la vida.

Para el apologista cristiano Lactancio (siglos III-IV d.C.),[2] en cambio, la etimología correcta es *religare*, «religar», subrayando el vínculo que hay entre la divinidad y el hombre. Según esta acepción, que es

---

1   Cicerón, *De natura deorum*, II, 28. Cfr. J. Grondin, *La filosofía de la religión*, Barcelona, Herder, 2010.

2   Lactancio, *Divinae institutiones*, IV, 28.

la más extendida, religión significa el estrecho lazo que explica todas las dimensiones del ser humano: existencial, ética, afectiva, social. Siguiendo con nuestro ejemplo, Dios, para el cristianismo, no solo es el Principio que debe guiar la orientación vital, sino que además abarca todos sus aspectos: ontológicos —Dios está en el origen de la vida—, morales —Dios nos ofrece una guía para salir airosos de los dilemas éticos de la vida— y finales —Dios ha dispuesto que los justos triunfen al final de la historia.

En el fondo, ambas acepciones se coimplican, y más en el caso del cristianismo: hay una afirmación absoluta de un vínculo con el elemento divino trascendente y único al que el creyente se religa, que deriva en una relectura (conversión) de su propia vida y de la de los demás. Por eso mismo, ya se ponga el acento en la fuerza del vínculo (Lactancio) o en la relectura (Cicerón) de los sucesos, la religión nos habla más de la experiencia humana que de la divina, de la manera en la que el ser humano experimenta su realidad mundana y la apertura que la acompaña.

El filósofo y teólogo protestante Friedrich Schleiermacher (1768-1834) se refiere al «sentimiento de dependencia absoluta» como una de las características de la experiencia religiosa. En oposición al racionalismo y al voluntarismo, para él la esencia de la religión no tenía nada que ver con el conocimiento del mundo (razón) ni con la aspiración ética de modificar y transformar el mundo (voluntad). Estamos en pleno desarrollo del espíritu romántico. Es en la intuición, en el sentimiento, donde hay que buscar la raíz última de la religión. «Allí donde existe y actúa la religión, ella debe revelarse de forma que conmueva el ánimo de un modo peculiar».[3] Y añade: «la religión [...], según toda su esencia, se encuentra [...] alejada de todo lo sistemático»;[4] «su esencia no es pensamiento ni acción, sino intuición y sentimiento».[5]

Es decir, la religión deriva de cómo nosotros, los humanos, nos abrimos a lo divino. Lo esencial a la experiencia religiosa no es otra cosa que el sentimiento particular e irreductible del deseo de universalidad y de fusión con el Infinito. La crítica a todo discurso religioso de carácter objetivo se hace consecuente. Tras cualquier forma, credo o discurso permanece ese Infinito siempre como trascendente. «En las religiones debéis descubrir la religión», concluye Schleiermacher.[6]

La idiosincrasia de las experiencias religiosas, y en esto se encuentra su particularidad, es la intuición humana de lo Infinito, de la inmensidad y grandeza del Universo, y la vinculación inmediata del individuo con lo Infinito. De ahí que se diga que la cuestión de Dios no lo es todo en la religión,[7] sino solo uno de sus posibles elementos. El Universo es siempre más. Además, en la medida en que la

3   F. Schleiermacher, *Sobre la religión*, Madrid, Tecnos, 1990, p. 19.
4   Ibíd., p. 20.
5   Ibíd., p. 35.
6   Ibíd., p. 155.
7   Ibíd., p. 86.

religión es sentimiento de lo Infinito, su elemento común es el sentimiento de dependencia absoluta que el individuo experimenta ante ese Infinito. Un sentimiento que se expresa también de numerosas maneras, lo que explica la diversidad de religiones y de experiencias religiosas, cada una de las cuales es una manifestación, a su manera, del único sentimiento general de lo religioso.

Dando por buena esta perspectiva, que como decimos entronca con el Romanticismo, la zambullida en las profundidades de la vida humana y sus complejidades espiritual-emotivas se convierten en la vía de acceso al misterio de la realidad. Un camino que solo puede hacer cada uno desde sí mismo. Con esto no se quiere decir que toda pretensión de «verdad» quede reducida a la arbitrariedad subjetiva, porque por algo Schleiermacher se pregunta por «la esencia» de la religión. Pero el camino que abrió el Romanticismo completa la transición iniciada por la filosofía ilustrada, más estrictamente racional, y que comportó que la hermenéutica y la interpretación pasaran a ser uno de los temas fundamentales de la reflexión filosófica.

La pregunta fundamental ya no era «¿cómo es la realidad?», sino «¿cómo asumimos que es la realidad?». Y así como para la Ilustración eso pasaba por considerar el modo en que conocemos el mundo, para el Romanticismo se incide en que además hay que atender a cómo lo sentimos. Por eso la pregunta por la experiencia religiosa tiene que plantearse en primer lugar desde el parámetro antropológico que la explica, desde la apertura integral que el ser humano, finito, constata como experiencia personal, interrogadora acerca de la infinitud y la trascendencia.

La biografía de Dios

Pero claro, eso es solo una parte. La religión tiene que ver también con la pregunta que se plantea por la totalidad de la existencia. Demasiadas cosas hay en la vida que nos superan, que no controlamos ni podemos explicar. La finitud nos rodea por todas partes; por eso nos preguntamos si podría haber «algo» que no lo fuese, una estructura o Infinitud que llegue a explicar aquello que nosotros no logramos aclarar.

En este sentido, de las dos acepciones que puede tener la religión sorprende la apelación a su «razonabilidad» que defiende Cicerón. La religión, recordemos, era para él una relectura atenta de los sucesos de la existencia. Frente a las supersticiones, que se nutren de prejuicios, la religión constituye una aproximación más juiciosa, normalizada, de la realidad. Sorprende, sin duda. Y más si se tiene en cuenta que la historia de las ideas es precisamente testigo de enconadas disputas acerca de la razonabilidad o no de la creencia en Dios.

Volvamos al tradicional significado cristiano dado a «Dios», es decir, una realidad personal, eterna, omnipotente, omnisciente y trascendente al mundo, para trazar un esquema general de las razones que se han dado para defender su existencia.

Para defender la existencia de «Dios» hay dos tipos de argumentos: los que parten de la evidencia de la existencia del mundo (*a posteriori* de la experiencia) y los que no (*a priori* de la experiencia). Comencemos por los primeros.

Los argumentos que parten de algo tan obvio como la existencia —el mundo, yo, la materia, etc.— se subdividen en dos grandes grupos: los que inciden en la finitud del mundo y se preguntan por su causa —¿quién lo ha creado?, ¿qué o quién detona el arranque del tiempo?— y los que se preguntan por el orden en la naturaleza —¿con qué intención existen estas leyes y no otras?, ¿por qué podemos interactuar con el mundo y reconocer en él belleza y armonía?

El ejemplo más claro de un proceso discursivo de este tipo es la filosofía de Tomás de Aquino, fraile dominico del siglo XIII. Aunque al poco de morir sus enseñanzas fueron condenadas por la autoridad eclesiástica, en 1567 fue declarado doctor de la Iglesia católica. Su mayor obra, la *Suma Teológica* continúa siendo uno de los mayores hitos de especulación metafísica y en ella se encuentran las conocidas cinco vías de acceso a Dios.

Conviene aclarar que Tomás de Aquino habla de vías y no de estricta prueba, como en ocasiones se tiende a confundir. La pretensión de querer demostrar a «Dios», como si se tratara de un objeto más, indica, para Tomás de Aquino, que no se ha reparado en la importancia de la noción de «infinito». Dios no es evidente, sino indicable, si acaso.

Las primeras tres vías parten del movimiento, del principio de causalidad y de la contingencia del mundo, para concluir en un Primer Motor, una Primera Causa y un Ser Necesario. Asumen la contingencia y finitud del mundo, así como la incapacidad de este para explicarse. Una regresión infinita de causas sería imposible porque debe haber un primer punto que se autoexplique y que dé respuesta a la pregunta «¿cómo es posible que exista el mundo?». Si la causa que establecemos (por ejemplo, la materia) no se explicase a sí misma, tendríamos que volver a preguntar por su causa, llegando tarde o temprano a un primer punto autoexplicativo. El «ser mismo subsistente» *(ipsum esse subsistens)* es el concepto del que se sirve Tomás de Aquino para expresar este principio absoluto, que no depende de nada más.

Las otras dos vías tienen que ver con un subtipo de argumentos, en principio también *a posteriori,* a favor de la existencia de Dios: los que se refieren al orden y la finalidad del mundo. La cuarta vía, de inspiración platónica, establece una graduación de seres que debe coronarse en la Perfección misma. El mundo evidencia un orden de menos a más en la escala de las criaturas —un hombre es más perfecto que un animal, y este que una planta— que apunta a lo máximamente perfecto. Es decir, a la Perfección misma, que es «Dios». La quinta vía postula una finalidad para la creación. Es lo que se conoce como la vía teleológica (de nuevo *telos,* finalidad) y establece que hay un diseño o plan para el mundo, lo que implica la existencia de un ser inteligente que haya predispuesto el universo en esa dirección.

El otro tipo de argumentos a favor de la existencia de Dios (*a priori* de la experiencia) no parte de ningún dato del mundo o pretendidamente constatable, sino que se basa enteramente en procesos de reflexión. Destacamos dos: el argumento ontológico, que es como se conoce el proceso de inferir la existencia de Dios de su misma idea —si Dios es la idea de un ser perfecto o lo máximamente pensable no puede faltarle la existencia, ya que de lo contrario no sería el ser máximamente perfecto, pues le faltaría un bien fundamental, el ser—, y el argumento noológico —detrás de las verdades que descubrimos en el proceso de conocer, imprescindibles para poder discernir las cosas, se impone una verdad subsistente que las fundamenta: la divinidad misma.

A pesar de tratarse de modos diversos de argumentar, puesto que en un caso parten del mundo y la evidencia de la existencia finita (*a posteriori* de la experiencia), y en el otro se sustentan en procesos de razonamiento que pretenden no remitir a ningún dato externo al proceso mismo (*a priori* de la experiencia), ambas estrategias han recibido críticas que, en esencia, remiten a un mismo punto: «Dios» no es más que una proyección humana, inconsistente o elegida, que responde ante todo a la no aceptación de la finitud, la mortalidad y la posición humana en el universo.

Friedrich Nietzsche (1844-1900) es, sin duda, uno de los mayores exponentes de este tipo de reprobación. «Dios ha muerto», proclamó, siendo esta, con seguridad, una de sus afirmaciones más recordadas. Lo que probablemente sea menos conocido es lo que añade a continuación: «y nosotros lo hemos matado».

A nadie se le ocurre que esta frase pueda ser literal porque, aun presuponiendo que Dios existiera, uno de sus clásicos atributos es, según el monoteísmo, su eternidad. El significado hay que encontrarlo en la decisión del ser humano de deshacerse, de manera expresa, del principio teológico que determina la moral y la vida. Para Nietzsche ha llegado la hora del superhombre, el tiempo en que cada ser humano pueda afrontar la existencia sin la necesidad de ningún Dios ni de ninguna muleta absoluta y trascendente.

Friedrich Nietzsche nació en 1844 en el seno de una familia alemana luterana, aunque pronto quedó huérfano de padre y fue criado por su madre, su abuela y sus tías. Se interesó por la tragedia griega, en cuyos textos reconocía la lucha de dos fuerzas contrapuestas: la dionisíaca (irracional y desordenada) y la apolínea (racional y ordenadora). Nietzsche consideraba que la vida era una lucha entre estas dos fuerzas, y por eso había que tomar partido por una de ellas. Defendía el vitalismo dionisíaco y la valentía de poder vivir la vida sin represiones ni órdenes racionalizadores que la mitigaran. Ese es el objetivo del superhombre. Sus contemporáneos, sin embargo, no lo tomaron en serio y sus libros pasaron más bien desapercibidos. En lo que tiene que ver con los conceptos de «Dios» y «religión», la figura de Nietzsche resulta fundamental para explicar su reciente evolución histórica. Pasó sus últimos años de vida en diversos sanatorios, aunque murió de neumonía en Weimar en 1900.

En este mismo sentido, al hablar de autores implacables con la idea de Dios y el papel de la religión, es necesario mencionar a Karl Marx y a Sigmund Freud.

La obra de Karl Marx (1818-1883) es una de las mejores interpretaciones acerca de la dinámica del capitalismo y la situación de penuria que supone para la clase obrera. A pesar de que Marx sea conocido por su deconstrucción del capitalismo, su pensamiento rebasa los límites propiamente económicos al entrar en consideraciones relativas a la constitución del mundo y los designios de la historia. Es en este contexto de la organización de la lucha obrera por recuperar una dignidad vital y económica severamente degradada en el que hay que situar uno de sus conocidos alegatos: la religión es el opio del pueblo. Además de los propios del capital (burguesía), Marx también situaba entre los poderes opresivos del sistema a los eclesiásticos, de ahí que sostuviera que el sistema religioso —sobre todo en cuanto a sus promesas del más allá— era un narcótico frente al instinto revolucionario del pueblo en la búsqueda de su libertad.

Sigmund Freud, por su parte, orienta su perspectiva en torno a la religión de manera similar a la de Nietzsche. Para él, recordemos, la estructura fundamental psíquica se divide en consciente e inconsciente, siendo la parte más profunda de nuestra personalidad el inconsciente. Como si de un iceberg se tratara, lo que vemos de nosotros mismos es una pequeña parte de lo que en realidad sucede en nuestra psique. Freud contrapone el «ello», que es el fondo instintivo y desestructurado de toda la estructura psicológica, al «superyó», que es la construcción interna de lo que debe ser, el «juez» interior que nos dice lo que está bien y lo que no.

Las ideas religiosas esconden para Freud la proyección neurótica de un «padre» («superyó») que nos juzga y nos vigila no solo por nuestras acciones, sino también por nuestros instintos («ello»). Por eso sostiene que el contenido de las afirmaciones religiosas es eminentemente destructivo, ya que desembocan en una neurosis obsesiva que nace del sentimiento de culpa y de miedo a los instintos. Moral y religión van de nuevo de la mano: son generadores de malestar psíquico, de culpa y de represión.

Nietzsche, Marx y Freud constituyen una terna conocida como los «maestros de la sospecha». Así la bautizó Paul Ricœur. Cada uno de ellos pone en duda los cimientos culturales de su tiempo, entre los cuales se encuentra el de «Dios», que tenía un papel único como símbolo del orden del mundo y del más allá. Creían que, a través del superhombre, la revolución obrera o el psicoanálisis podrían liberar a los seres humanos de sus propias cadenas y hacerlos seres plenamente autónomos.

La liberación humana comportaba, pues, desterrar a «Dios», símbolo de la opresión. Pero conviene que nos preguntemos si, en el fondo, lo que hicieron estos tres genios no fue sustituir a unos dioses por otros. Es decir, si la promesa mesiánica de una sociedad libre de opresión, el advenimiento del superhombre o la consolidación de la terapia psicoanalítica como proceso de realización humana no constituyen elementos incuestionables que podrían llenar el vacío de sentido que dejaba «Dios». De ser así, como en efecto podría ser, deberíamos cuestionarnos hasta qué punto podemos vivir sin algo que trascienda los avatares del mundo, sin algo que colme la necesidad antropológica de establecer elementos que funcionan como «absolutos» y que otorgan sentido a nuestras vidas, aun en los momentos más duros.

Por los caminos de la Trascendencia

El hombre en busca de sentido es el título del libro más conocido de Viktor Frankl, psiquiatra fundador de la logoterapia y superviviente de los campos de la muerte nazis. La logoterapia es conocida como la tercera escuela vienesa de psicoterapia —tras la de Freud y la de Adler—; básicamente sostiene que la voluntad de sentido es una dimensión psicológica primaria en la vida anímica del hombre y que, por lo tanto, hay que prestarle más atención. Para Frankl, la fuerza anímica de la voluntad de sentido ha sido olvidada por los paradigmas psicoterapéuticos anteriores, de ahí que proponga una acción terapéutica integral que asuma la consideración clínica de la cuestión del sentido en la vida del paciente.

Cuenta Frankl que a menudo preguntaba a sus pacientes por qué no se suicidaban. Obviamente, no quería invitarlos a planteárselo como posibilidad real, sino más bien mostrarles la evidencia de lo que en realidad otorgaba sentido a sus vidas —la familia, la vocación profesional, el conocimiento, la superación del dolor—. Para Frankl, «no hay nada en el mundo capaz de ayudarnos a sobrevivir, aun en las peores condiciones, como el hecho de saber que la vida tiene un sentido».[8]

¿Dónde encontramos hoy respuestas con sentido a nuestras vidas? En un mundo secularizado en el que los dioses homologados ya no tienen la hegemonía del «Sentido» (en mayúsculas), ¿con qué llenamos el hueco simbólico dejado por ellos? Porque, para mayor complejidad, advierte Frankl: «no considero que nosotros inventemos el sentido de nuestra existencia, sino que lo descubrimos».[9]

A falta de referentes trascendentes al mundo, sospechosos de ser contraprestaciones a las frustraciones que nos amargan la vida, hemos asumido que hay que buscar el sentido dentro del mundo en la realidad fáctica e inmanente. La fama, el poder,

8   V. Frankl, *El hombre en busca de sentido,* Barcelona, Herder, 2001, p. 147.
9   Ibíd., p. 141.

el dinero o la posteridad social son claros ejemplos del deseo de construir un relato más allá de lo particular, incluso superando las barreras físicas y temporales de la propia vida. Por eso cuando una persona es reconocida como exitosa, rápidamente tiende a convertirse en objeto de deseo y en modelo a seguir. Se convierte en un ídolo y, de este modo, pasa a engrosar el santoral secular.

El mundo del espectáculo es el caso más evidente. Las estrellas de Hollywood o del rock llegan a convertirse en referentes vitales a los que emular. Algunos por su indudable capacidad artística, pero no todos. Se trata más bien del reconocimiento social (merecido o no), esto es, lo que los hace constituirse en iconos de éxito, lo que los sube a los altares del Olimpo. Incluso muertos, algunos son objeto de una devoción casi sacramental —Elvis Presley, por ejemplo—, como si se tratara de héroes mitológicos que habitan entre lo humano y lo divino.

Que necesitamos ritos y configuraciones simbólicas en nuestra vida es una evidencia sociológica y antropológica. Pero no solo: también necesitamos proyectarnos más allá de los límites de nuestra existencia, realizar algo que trascienda nuestra fragilidad y finitud existenciales. Y, sin embargo, si ahora nos preguntamos por todo ello es porque las soluciones dadas hasta el momento ya no nos valen. Así que no hay espacio para restauraciones de sistemas filosóficos o teológicos que ya tuvieron su tiempo y que han sido debidamente superados. No tendría ningún sentido porque las condiciones sociales, intelectuales y políticas, así como la gama de conocimientos de entonces, no tienen nada que ver con las actuales. Así pues, debemos preguntarnos: ¿hay espacio hoy en día para la religión? ¿De qué modo? ¿«Dios», o algo trascendente, tiene cabida en nuestro mundo?

Tratemos de responder a esta pregunta, *la* cuestión de cuantas nos podemos plantear, a partir de los dos sentidos de «religión» antes mencionados: religión como relectura de los sucesos de la vida y religión como pregunta por lo que nos religa.

a) *Religión como relectura.* En contextos académicos y también en otros no tan especializados se habla con asiduidad de filosofía de la religión. «La filosofía de la religión es una reflexión crítica, abierta, rigurosa y no confesional sobre los temas relacionados con la religión».[10] Esto significa que la filosofía de la religión es una disciplina no «apologética», que no busca defender ninguna confesión. Tampoco es una definición «positiva» de su campo de trabajo, pues esto incluiría de forma apriorística el marco de expresión antropológica. Si es del hombre de donde brota la inquietud religiosa, qué es y qué deja de ser religión es algo tan complejo de establecer que no puede finiquitarse de buenas a primeras.

10   M. Fraijó, «Filosofía de la religión: una azarosa búsqueda de identidad», en íd. (ed.), *Filosofía de la religión. Estudios y textos,* Madrid, Trotta, 1994, p. 40.

Es obvio que dependiendo del modelo de trabajo que elijamos llegaremos a una u otra definición de religión. Por ejemplo, para una antropóloga «religión» significará sobre todo un sistema de rituales y celebraciones con un fuerte contenido y ordenamiento social, mientras que un psicólogo destacará la profunda transformación psicológica que los creyentes destilan a través de sus vivencias. ¿Comporta esta vaguedad producida en torno al contenido concreto de lo que es «religión» una debilidad para poder hablar de ella?

Desde una perspectiva «objetiva», quizá cientifista, puede que sí, pero desde una mirada más humanística, no. Todo lo contrario: ¿acaso no son la «amistad», el «amor» o la «maldad» términos de contornos igual de difusos? Si el ser humano es poliédrico, irreductible, paradójico —en una palabra: vivo—, entonces su expresividad también lo es. No hay una sola racionalidad, como tampoco hay una sola manera de nombrar la experiencia. Lo que pueda ser religioso para unos, para otros será un mero ritual, una superstición o sublimación de un deseo no cumplido.

Entonces, ¿todo vale cuando uno habla de religión? ¿Cualquier interpretación que uno diga que es religiosa por el mero hecho de asumirla ya lo es?

Tampoco. Pero los límites no están claros, porque no estamos fuera de nosotros mismos para saber, como si de una observación microscópica se tratase, si lo que se afirma es o deja de ser algo religioso. Y más cuando lo religioso no para de resonar en tantos elementos psicológicos, sociológicos o históricos seculares. Es por ello que una reflexión filosófica acerca de la religión debe considerar como su método (*methodos* significa «camino a seguir») la actitud fenomenológica. El padre de la moderna fenomenología, el filósofo y matemático Edmund Husserl (1859-1938), la entendía como la actitud intelectual que se contrapone a la perspectiva «natural» de observar las cosas, es decir, a la simple asunción de la realidad como si fuera tal y como aparece. La clave reside en la capacidad de ver qué condicionantes se hallan presentes en la vivencia y hacen que un fenómeno —que en griego significa «apariencia», de ahí la palabra *fenomenología*— comparezca de aquella manera.

La fenomenología de la religión estudia aquellos datos que en la historia de las ideas aparecen como elementos religiosos con el objetivo de ver qué elementos forman parte de ella. La trata como un campo abierto. En este contexto no debemos olvidar que «análisis» *(analysis)* significa soltar la «cosa» para que muestre toda su envergadura. Analizar algo es observarlo sin coaccionar nada ni predeterminar su contorno; por eso analizar qué es religión no puede implicar, *a priori,* saber qué es religión.

Claro que, al dar rienda suelta al fenómeno de la «religión», la cuestión se abre casi hasta el infinito: ¿cómo saber qué elementos son o no religiosos? ¿Un ritual, un culto, una comunión fraternal con otros seres humanos que comparten un determinado credo, una esperanza, un sentido? ¿La existencia de una verdad o espacio sagrado que trasciende todo subjetivismo, evidente y consistente en sí misma? ¿O todo lo contrario, es decir, la experiencia subjetiva de sentir y asentir que algo es religioso? ¿Un partido político no puede cumplir todas estas funciones y por eso mismo ser considerado religioso? ¿E incluso un equipo de fútbol o un determinado jugador? No hace tanto que a Diego Armando Maradona, futbolista argentino, se le consagró una iglesia.

Una de las tareas imprescindibles y más complejas de la fenomenología de la religión es precisamente delimitar qué es religión, pero a pesar de lo resbaladizo del término, siguiendo a Juan Martín Velasco, uno de los fenomenólogos de la religión contemporáneos más acreditados, podemos decir que lo religioso está inscrito «en un mundo humano específico definido por la categoría de "lo sagrado"»,[11] que establece una serie de mediaciones (ritos, símbolos, credos) que relacionan a los hombres y mujeres con aquello trascendente que otorga sentido a sus vidas. Por eso, si alguien es capaz de sostener que la religión es la respuesta a todas las preguntas de la filosofía entonces es que tiene una definición exacta de lo que es religión. Y en vez de eso, sabemos que su estudio fenomenológico no permite establecer una respuesta concreta a qué es

---

11   J. Martín Velasco, *Introducción a la fenomenología de la religión,* Madrid, Trotta, 2006, p. 574.

religión ni tampoco refutar o confirmar la veracidad de las diferentes opciones religiosas.[12]

En cambio, lo que sí incluye la experiencia religiosa como experiencia humana en sus manifestaciones es la apertura a algo «trascendente», a algo que va más allá de ella misma. De ahí que la pregunta acerca de la religión entendida como relectura, como interpretación de lo que nos pasa en la vida, nos acabe conduciendo a la segunda acepción del término. A fin de cuentas, si por religión hay que entender los procesos de relectura de los sucesos de la vida, propia o ajena, ¿en virtud de qué principio se lleva a cabo esa relectura? ¿Qué elemento central hilvana los episodios concretos vitales para entrelazarlos y generar una trama general, un sentido de la vida?

Es lo que hemos visto cuando nos hemos referido a Schleiermacher: la razón humana es consciente de que hay algo que trasciende sus capacidades. Las cuestiones en relación con *el* sentido de la vida, *la* verdad del mundo, *la* esencia de la realidad, forman parte de este tipo de interpelaciones. Por eso, teniendo en cuenta que la pregunta se va estirando hasta los confines de nuestra capacidad discursiva, se ha subrayado que una de las cuestiones que la filosofía de la religión tiene que plantearse tarde o temprano es precisamente la de «Dios».[13]

12   A. Grabner-Haider, *Vernunft und Religion. Ansätze einer analytischen Religionsphilosophie,* Graz, Styria, 1978.

13   A. Torres Queiruga, *La constitución moderna de la razón religiosa,* Estella, Verbo Divino, 1992, p. 230.

b) *Religión como religación.* ¿Por qué existe el ser y no más bien la nada? Esta es la pregunta por antonomasia de la metafísica y de la filosofía en general. De formulación sencilla, su respuesta no lo es, ya que aunque digamos que el ser existe porque un ser absoluto así lo ha querido, inmediatamente nos planteamos: y «Dios» ¿por qué existe?

Dios es el ser necesario y por eso mismo no puede no existir, se dirá. ¿Pero cómo saber qué o quién es el ser necesario? Algo debe ser necesario: la materia, la energía, el todo…, lo que se quiera, pero algo debe existir necesariamente. De acuerdo, porque si fuese la nada —curioso sería que la nada existiera, que el no-ser fuese—, entonces nada existiría. Pero ¿cómo saber qué es eso necesario?

La cuestión abarca dos episodios diferentes: por un lado debe aceptarse que hay algo que realmente trasciende la existencia del mundo y de la realidad finita; luego se pasa a cuestionar qué nombre lo expresa mejor.

Que haya algo que sea trascendente a nosotros mismos es un supuesto con el que vivimos día a día. Nuestra subjetividad está cercada por muchos elementos que la trascienden. Basta pensar en los episodios que suceden en el mundo cotidiano, sobre todo los que tienen que ver de manera radical con los otros, y que no controlamos. Tampoco el hecho de que existamos depende de nosotros. Nadie nos lo preguntó. Ni que lo hagamos precisamente en esta época, en este país y con esta formal corporal. Vivir es estar siempre a las puertas de lo que nos trasciende, así que lo «trascendente» existe —o, como sugiere pensarlo Karl Jaspers, lo «envolvente».

Lo «envolvente» representa el horizonte mismo de la «trascendencia», dice Karl Jaspers. Cuando la pregunta humana amplía el foco y se dirige a la totalidad de la existencia, a su fundamento, lo «envolvente» se revela como lo que nos supera. La experiencia existencial finita se sabe finita porque tiene claro que el horizonte en el que se despliega va más allá de ella misma. Algo que se hace patente sobre todo en las experiencias duras, aquellas que rompen nuestro orden mundano: la muerte, el sufrimiento, la lucha, la culpa. Entonces es cuando aparece con meridiana claridad que algo nos trasciende —quizá la propia «vida»— en el abismo del propio límite.

Estas experiencias límite solo permiten ser aclaradas si se asume que hay algo que con ellas se trasciende, que va más allá *(trans)* de nuestra escala *(scandere,* «escalar, trepar») y que se trata de «algo» que no puede ser reducido ni por la ciencia ni por la experiencia. Cuando elevamos esa «trascendencia» al máximo nivel posible, al del fundamento de la vida misma, y la ponemos en mayúscula, «Trascendencia», entonces uno se pregunta: ¿es «Dios»?

Lejos de poder catalogar dicha «Trascendencia» como «Dios», lo único que tenemos a nuestro alcance son símbolos (cifras) para hablar de ella, añade con razón Jaspers. De manera que el Dios personal cristiano no deja de ser una manera de dar forma al

Misterio último, y, por tanto, una cifra más de la «Trascendencia». También podría llamarse «Destino», «Energía», «Conocimiento» o «Materia». Aquí nos inclinamos más por explorar las implicaciones de denominarla «Vida», pero, en cualquier caso, lo que sea esa «Trascendencia», que no deja de ser otro nombre, es para Jaspers algo inasequible.

Así las cosas, si la religión cristiana —por continuar con el parámetro que hemos utilizado— es la respuesta a las preguntas de la filosofía, entonces la religión es capaz de responder lo que la filosofía no logra, es decir, que hay un soporte objetivo y razonable para considerar que aquello que nos trasciende debe recibir por nombre «Dios», y que tal Absoluto nos lega una serie de principios que podemos comprender y aplicar a nuestras vidas para interpretar de manera correcta los eventos y dilemas que vamos encontrando en nuestro periplo temporal.

Lo mismo puede decirse del resto de religiones. Quizás algunas no afirmen que haya un «Dios», pero en mayor o menor medida sostienen la existencia de un principio universalmente válido, explicativo para todo el mundo, a partir del cual interpretar y adaptar la experiencia existencial.

Pensándolo con detenimiento, sin embargo, en el fondo la religión no responde ninguna pregunta filosófica. Si bien la experiencia vital religiosa y filosófica pueden parecerse, es la preeminencia o el peso que se le da o no a la «revelación», entendida como dato objetivo en relación con lo que nos «trasciende», lo que decanta la balanza. Fue también Jaspers quien, al final de su vida, escribió un libro titulado *La fe filosófica ante la revelación,* en el cual contrapone ambas posibilidades: o fe filosófica, que asume la trascendencia como pregunta, o la revelación, que la vive como respuesta.

Esto no significa que filosofía y religión queden en esferas completamente diferentes. Todo lo contrario. La influencia es mutua y contínua, pero como sucede con la psicología, la ciencia o las otras expresiones humanísticas, hay áreas en que no colindan. En todo caso, y aun respetando la parcela de cada una de ellas, es la filosofía la que interpela directamente a la religión en al menos dos aspectos muy antropológicos: la mediación del lenguaje y la realidad del sufrimiento.

En cuanto al lenguaje, incluso asumiendo que una revelación exista o pueda existir, esta echa mano de categorías humanas para expresarse. Las historias de los dioses las escriben manos humanas, lo que ya nos introduce en el juego de la hermenéutica, de los símbolos y de los matices y, por lo tanto, de la falibilidad y de la disputa por «la» verdad, yendo más allá de las propias capacidades que poseemos. ¿Qué son las diferentes modalidades (confesiones) dentro del cristianismo, el islam, el judaísmo, el budismo, etc., sino diferentes maneras de interpretar la propia tradición?

Y en cuanto al sufrimiento, porque es su experiencia la que más pone en entredicho la viabilidad de la existencia de un Dios benevolente, omnipotente y providente. Una experiencia que desnuda y que combina la propia vulnerabilidad con la arbitrariedad de algunos males. La muerte de un niño, de un inocente, ¿es un escándalo imposible de coordinar con la posibilidad de semejante Dios?[14] Ni siquiera el relato bíblico que trata de la dialéctica entre el hombre inocente sufriente y el Dios Todopoderoso, el Libro de Job, ofrece una respuesta clara. Se dirá, con razón, que el sufrimiento y el mal son el gran misterio, la mayor perplejidad, con la que todos, creyentes y no creyentes, debemos lidiar. Pero hay una notable diferencia entre ellos: es el teísta quien dice defender la existencia de un plan para la existencia en el que el bien acaba triunfando.

---

14   La bibliografía sobre el tema es inabarcable. Una síntesis de las diferentes concepciones del problema del mal, creyentes o no, la ofrece el libro de R. Safranski, *El mal o el drama de la libertad,* Barcelona, Tusquets, 2005.

Para un debate más específicamente judeocristiano proponemos confrontar las posiciones de J.A. Estrada (*La imposible teodicea. La crisis de la fe en Dios,* Madrid, Trotta, 2003) y de A. Torres Queiruga (*Repensar el mal. De la ponerología a la teodicea,* Madrid, Trotta, 2011). Si lo que se prefiere es una visión de conjunto, recomendamos acudir a Paul Ricœur (*El mal. Un desafío a la filosofía y a la teología,* Buenos Aires, Amorrortu, 2007).

Si todos los caminos conducen a Roma, todas las enmiendas a la filosofía desembocan en esta afirmación: la filosofía no sirve para nada. Es lo que, en mayor o menor medida, late en los tópicos que hemos venido considerando. Y en parte, la crítica es comprensible.

Pongamos que alguien sin conocimientos filosóficos toma un día un libro de historia de la filosofía. Supongamos, además, que lo hace con genuino interés, con ganas de descubrir qué han dicho Platón, Aristóteles, Agustín de Hipona, Tomás de Aquino, Descartes, Hume, Kant, Nietzsche o Heidegger acerca del mundo y su última verdad. Quizá sienta, al poco de empezar a leer, que está frente a una serie de sistemas que, *a priori,* poco tienen que ver con sus preguntas, pero aun así persiste. Al fin y al cabo, se trata de grandes nombres y por algo será que continúan citándose.

Pero el hábito no siempre hace al monje, y es fácil que a medida que avance vaya constatando que, en vez de encontrar una respuesta a sus interrogantes es llevado a un campo de posibilidades cada vez más abierto y confuso. Se detiene en un autor, Platón, y concluye que en lo que va explicando acerca del conocimiento y las ideas tiene mucha «razón». Luego echa un vistazo a las páginas dedicadas a

David Hume, el empirista escocés del siglo XVIII que afirmaba que el verdadero conocimiento proviene de los sentidos, siendo las ideas nada más que copias de las impresiones, y también le parece que no le falta razón. ¿Cómo puede ser?

Al intentar descubrir dónde está la verdad, pasa a reconstruir al primero a partir de las críticas del segundo, esto es, a interpretar al idealista Platón desde las carencias que detectaría el empirista Hume. Pero esa posibilidad también puede invertirse, porque las mismas razones con las que desarma a Platón sirven asimismo para darle la vuelta a Hume: puede que en el fondo las impresiones no sean más que arquetipos o ideas, que reconoce un sujeto, de una realidad que presuponemos objetiva y que creemos material. ¿Resultado? Más confusión. Si antes ambos tenían razón, ahora parece que los dos están equivocados.

En efecto, la filosofía a veces parece un lío mayúsculo, un embrollo que cada vez se complica más y más. Algo que, en definitiva, no sirve para nada. Por muy bonita y florida que sea su historia, para más de uno se resuelve como una impotente pasión humana, inútil de cara al proceso de adquisición de conocimiento relevante para la vida.

Paradójicamente, sin embargo, el concepto de «utilidad» tiene fuertes connotaciones filosóficas. El utilitarismo, que fue una postura ética desarrollada inicialmente en Inglaterra en el siglo XVIII, estableció que «la utilidad, o el principio de la mayor felicidad, mantiene que las acciones son correctas en la medida en que tienden a promover la felicidad», y «por felicidad se entiende el placer y la ausencia de dolor».[1] Así que lo útil, lo bueno, lo que de verdad interesa es conseguir el mayor nivel de placer posible, tanto a nivel personal como social, en la medida en que la felicidad general es mayor si más personas gozan de ella. Lejos de contribuir a esto, en ocasiones parece que la filosofía se pierde en sus propios derroteros.

Como ética teleológica que es, opuesta al deontologismo de Kant, el utilitarismo juzga las acciones humanas no por los motivos que las animan, sino por las consecuencias que comportan. En este caso, lo hace según la cantidad de felicidad que estas aportan. No es difícil adivinar que el utilitarismo tiene en el epicureísmo y el hedonismo de la Antigüedad griega su precedente, así como en las teorías epistemológicas y morales del empirismo inglés su fundamento, sobre todo del mencionado David Hume.

Con todo, lejos de lo que pueda parecer, no todos los placeres valen por igual. Para el utilitarista John Stuart Mill (1806-1873) no todos aportan la misma calidad de felicidad a los seres humanos. La dignidad de estos va de la mano del desarrollo de aquellas facultades más propias y menos animales de su condición. Suya es la frase: «es mejor ser un ser humano insatisfecho que un cerdo satisfecho; mejor ser un Sócrates insatisfecho que un necio satisfecho».[2]

1   J. Stuart Mill, *El utilitarismo,* Madrid, Alianza, 2007, pp. 49-50.
2   Ibíd., p. 55.

Es decir, el criterio último para decir si algo es útil o no está en la «mayor cantidad total de felicidad»,[3] siendo relevante la idea de *cantidad,* que la liga directamente con la necesidad empírica, constatable, de verificarla. Puesto que la reflexión filosófica no da resultados palpables y no ofrece pruebas directas de que sus disquisiciones tengan un efecto objetivo, su necesidad parece poco probable. Si acaso, todo lo contrario; conlleva más confusión, complicaciones añadidas y menos claridad de ideas, lo que todavía la hace más accesoria, cuando no indeseable.

La miseria de la filosofía

Así pues, si se presume que la filosofía es inútil es porque se sospecha que no aporta nada a la vivencia del mundo. Lo construye en paralelo, como si de una paranoia se tratara. Nada que ver con el mundo que es de «verdad».

La verdad: he aquí uno de los grandes temas de la filosofía, aunque no solo de ella, sino de todas las ciencias humanas, experimentales o no, que se precien de ser tenidas por *scientia,* «conocimiento». Lo que hoy entendemos por «ciencia», la de laboratorio y datos, es solo una parte de lo que la historia de las ideas ha entendido por conocimiento científico. Remite, como ya hemos visto, a la revolución científica, al desarrollo y a la consagración

3   Ibíd., p. 57.

del método experimental propiciado a lo largo de la Edad Moderna.

Unos siglos más tarde (en el siglo XIX) se consolidó el positivismo, una concepción del mundo impulsada por los franceses Henri de Saint-Simon (1760-1825) y Auguste Comte (1798-1857), así como por el propio Stuart Mill, que sostiene que el único conocimiento auténtico es el científico, sinónimo de empírico. De Comte es la afirmación de que el último estadio de la historia de la humanidad es el científico o positivo, en el que son leyes positivas y verificables las que dan forma a la explicación de los fenómenos del mundo y el modelo político a seguir es la tecnocracia científico-industrial.

No sabemos si el último estadio será este o no, pero de lo que no hay duda es de que esta posición es la más extendida en el imaginario cultural actual. Cansados de los excesos discursivos de los filósofos, acusados de rapsodas o de generadores de verborreas artificiosas, en el siglo XIX se reforzó la postura de que las ideas constituyen un subproducto de la materia. Eso tuvo un impacto directo en lo que se consideraba el saber auténtico, muy ceñido al estudio experimental, aunque no solo. También la política se vio afectada por el paradigma materialista.

En 1845 Karl Marx escribió un breve texto titulado *Tesis sobre Feuerbach* en el que sintetizaba sus críticas a Ludwig Feuerbach, un filósofo materialista alemán. El texto, que se publicó póstumamente, recoge una de las sentencias más conocidas de Marx: los filósofos no han hecho más que interpretar de diversos modos el mundo, pero de lo que se trata es de transformarlo.

Un año más tarde, Marx escribía una carta al reputado crítico literario Pavel V. Annenkov en la que le avanzaba sus impresiones acerca del libro *Filosofía de la miseria,* del anarquista francés Pierre-Joseph Proudhon. Marx desarrolla su crítica en su conocida *Miseria de la filosofía,* de 1847, título que juega sarcásticamente con el texto de Proudhon. Sin embargo, en esta carta ya da cuenta de que el libro le ha parecido decepcionante no solo por sus conclusiones, sino por lo poco fundamentado que está. La principal debilidad argumental la encuentra Marx en el desconocimiento del anarquista respecto del punto de partida del problema: la historia social es producto de las relaciones que entablan los individuos, cuya base son las relaciones materiales que se establecen. Por eso las categorías económicas que tenemos como realidades, como, por ejemplo, la idea de propiedad, no son más que abstracciones de las relaciones reales, materiales, que se dan entre los individuos. Marx echa en cara a Proudhon que desconozca que las ideas y las categorías emanan directamente de las relaciones sociales, lo que a su vez remite a la productividad material. Unas «categorías» que «son tan poco eternas como las relaciones que reflejan».[4]

---

4   K. Marx, «Carta de Marx a Annenkov», en *Miseria de la filosofía,* Madrid, EDAF, 2013, p. 80. Esta carta será el embrión de la *Miseria de la filosofía,* de 1847.

Manda la materia, así que, desde un punto de vista materialista, cualquier dialéctica mental, por muy brillante que parezca, no deja de ser pura entelequia. A lo sumo, plantea una dualidad entre las ideas y la vida, entre la teoría y la praxis, que en todo caso la relativiza. La razón pura, con sus categorías y estructuras eternas, no es más que fantasía y estrategia al servicio del poder para mantener como intocable una realidad que se define en el terreno de lo material. No se trata de justificar en la teoría lo que se es en la práctica, sino de revolucionar la práctica para que luego la teoría exprese sus transformaciones. Se trata de la tesis fundamental del materialismo dialéctico, que más tarde sistematizará el ruso Gueorgui Plejánov: no es la idea la que rige sobre la materia, no es el espíritu lo que prevalece sobre lo físico; lo primero es la materia, y la conciencia lo derivado.

Desenmascarando las apariencias

Pero ¿existe la verdad?

Por fuerza, algo tiene que ser verdad; no puede ser que todo sea mentira, pues si así fuera, o bien la misma frase «todo es mentira» también lo sería, o bien sería absolutamente verdadera. El problema, entonces, no es si hay o no algo verdadero, sino saber qué es, presuponiendo que se pueda descubrir. Estamos como el romano Poncio Pilato cuando le preguntaba al maltrecho Jesús de

Nazaret: «¿qué es la verdad?». Para el positivismo, la respuesta solo puede ir en una dirección, y en parte tiene razón cuando achaca a algunas construcciones filosóficas excesos discursivos que poco tienen que ver con la realidad. Pero pretender llegar a una visión directa de la realidad sin intermediación subjetiva —una experiencia pura— es una contradicción en sí misma.

En primer lugar, porque la misma noción de experiencia presupone un sujeto que la experimenta. Si las experiencias son el impacto que algo (un cerebro) o alguien (yo, tú, él) expresa a tenor de una determinada interacción con algo externo a él, entonces es evidente que estamos ante dos polos: algo/alguien que experimenta y lo que es experimentado. Por otra parte, no es indiscutible que esa experiencia sea directa y verdadera siempre, ni hace falta recurrir a los sueños o a los espejismos, que uno comprueba *a posteriori* que eran eso, sueños y espejismos. Pensemos en el daltonismo y en la dificultad para advertir los colores como el resto dice hacer. El daltónico, a quien desde fuera le certifican que tiene problemas para diferenciar matices rojos, verdes y azules, ha de creer que eso es efectivamente así. Su experiencia le dicta otra cosa.

La experiencia es la fuente primaria de verdad más potente que hay, pero lleva a cuestas la huella del sujeto. No tenemos la capacidad de ver completamente una determinada escena. La observación se hace siempre desde un punto, que excluye por definición el resto de posibilidades. Ciertamente, se pueden probar diversos puntos de vista, pero siempre nos movemos en el terreno de las perspectivas, como le gustaba decir a Ortega y Gasset.

El ser se dice de muchas maneras, en muchos sentidos,[5] por eso podemos establecer que:

1. alguna afirmación es verdadera;
2. parcialmente, pues al menos sabemos que alguna debe ser verdad;
3. y al mismo tiempo dudamos de saber concretamente cuál es su contenido. Incluso para las verdades matemáticas —o geométricas— no sabemos si los principios lógicos son válidos para todo universo posible.

¿Cómo convivir con semejante pluralidad e incerteza y, sobre todo, cómo avanzar en el conocimiento? Porque, del mismo modo que sabemos que hay cosas que pueden o no ser verdaderas, reales, también hay sobrada evidencia de que acertamos en acciones cotidianas. Cuando uno cruza un paso de peatones durante la noche y a oscuras sabe que lo que ve es lo que es. Y si duda, retrocede y se cerciora. Y acaba cruzando, sano y salvo, el paso de peatones. Si todo fuera errático o incierto, no podríamos cruzarlo, en ningún momento, sin temor a equivocarnos. Es más, ni tan siquiera podríamos movernos.

---

5 Aristóteles, *Metafísica,* libro IV, cap. II, 1003a 35.

La clave de todo reside en lo que entendamos por *realidad*. Sería demasiado osado resumir en pocas líneas la polémica en torno a lo que se considera o no realidad, y aun así sería imposible dar por cerrada la cuestión. Entre el idealismo más radical, que afirma que la realidad extramental, la que en principio está fuera de uno mismo, no existe, y el realismo más absoluto, que sostiene que si algo existe es justo el dato material del mundo, incluido el propio individuo que pregunta por ello, hay una gran variedad de matices.

Se adivinará con facilidad que lo que aquí proponemos es situarnos en uno de esos intermedios, entendiendo que la realidad objetiva es obviamente un dato, pero que los datos no están exentos de subjetivismo. Es una mezcla de intuicionismo inmediato de la realidad y la conciencia de finitud de esa intuición. Una posición ambivalente entre conocimiento y metáfora, analogía y diferencia,[6] que considera las experiencias del «mundo» como máscaras «del» mundo, del gran teatro de lo que pasa o sentimos que pasa. Y no en un sentido peyorativo: lo profundo ama las máscaras, le gustaba decir a Nietzsche.

En uno de sus escritos más tempranos —*Sobre verdad y mentira en sentido extramoral,* escrito en

6   Para una aproximación a las cuestiones de analogía y metafísica, finitud y pregunta por la realidad y su fundamento «Absoluto», remitimos a nuestros *Los confines de la razón. Analogía y metafísica trascendental* (Barcelona, Herder, 2013) y *Sendas de finitud. Analogía y diferencia* (Barcelona, Herder, 2015).

1873, cuando ni siquiera había cumplido la treintena—, Nietzsche alerta de que el filósofo es «el
más soberbio de los hombres».[7] Convencido de
que todo el mundo lo observa, el filósofo fabula
una arquitectura intelectual por medio de la cual
se otorga el papel iluminador de la vida. Pero
eso es mentira. Se defiende ante todo de la vida
misma, de manera similar a lo que Freud dirá
unos años después. El hombre solo desea la parte
agradable de la verdad, aquella que le es favorable
para el mantenimiento de su vida. En el fondo, le
es indiferente el conocimiento, a veces hostil, de
las verdades susceptibles de efectos perjudiciales
o destructivos.[8] Por eso el ser humano, y más el
filósofo, finge; finge saber que, a pesar de estar a
oscuras, es capaz de percibir con lucidez la realidad
de las cosas. Y no obstante, si alguien sabe que el
conocimiento de las cosas en sí está vetado para
el intelecto finito, ese es el filósofo. Nosotros nos
movemos en el lenguaje, que es lo que establece
el juego de relaciones de las cosas con respecto a
nosotros mismos.

La verdad no hay que buscarla, porque en el
fondo no existe como algo estable, dice Nietzsche.
Se resuelve como «una hueste en movimiento de
metáforas, metonimias, antropomorfismos, en re-
sumidas cuentas, una suma de relaciones humanas

---

7   F. Nietzsche, *Sobre verdad y mentira en sentido extramoral y
otros fragmentos de filosofía del conocimiento,* Madrid, Tecnos, 2010, p. 22.
8   Ibíd., p. 25.

que han sido realzadas, extrapoladas y adornadas poética y retóricamente y que, después de un prolongado uso, un pueblo considera firmes, canónicas y vinculantes».[9]

El texto parece sacado de un ensayo contemporáneo acerca de la imposibilidad de saber qué es verdadero, ciertamente. Por eso un clásico nunca pasa de moda. Pero conviene advertir que quien quiera comparar este fragmento con el fenómeno de la posverdad, habrá enfocado mal las cosas.

Con el avance de la Modernidad (de Descartes en adelante), la verdad fue perdiendo el estatuto de evidencia y problematizándose hasta llegar a lo que denominamos el «giro copernicano». Del mismo modo que Copérnico intercambió los roles de la Tierra y el Sol, sosteniendo que era esta la que giraba alrededor de la gran estrella, Kant afirmará que es el objeto el que depende del sujeto que lo observa. Con todo, eso no significa acomodarse a un mundo a la carta. No es lo mismo no saber lo que es verdad que fingir que no se sabe lo que no es verdad. Lo primero es ignorancia, lo segundo impostura.

El *Diccionario de Oxford* ha escogido «posverdad» como la palabra del año 2016, un neologismo que denota circunstancias en las que los hechos objetivos influyen menos en la formación de la opinión pública que los llamamientos a la emoción y a la creencia personal. La posverdad no es más

9 Ibíd., p. 28.

que narcisismo interesado. Y es lo mismo de lo que acusa Nietzsche a los filósofos, quienes, generando sus propias rapsodias, que toman como ciertas por puro interés, se olvidan de la vida.

Si a día de hoy comprendemos que la realidad es, en gran medida, una construcción biográfica cuyas variables psicológicas, sociológicas y económicas muchas veces se nos escapan, preguntar por la verdad puede parecer trasnochado. Pero no porque dé igual lo que para uno es verdad o mentira. En la mentira no se puede habitar; se puede, si acaso, malvivir. Ciertamente, no es lo mismo inventarse toda una vida y construir una identidad alrededor de esta consabida falsedad[10] que discrepar sobre el sentido de una palabra o unos gestos en una discusión, sobre todo si esta es amorosa. Pero la tragedia toma tintes de mayor gravedad en el caso de la persona o institución que, ostentando un

---

10   El caso del falso médico francés Jean-Claude Romand es un ejemplo de hasta dónde puede llegar la autosugestión, como narra Emmanuel Carrère en su novela-relato *El adversario* (2000). En 1993, Jean-Claude Romand mató a su mujer, sus hijos y sus padres antes de intentar, infructuosamente, acabar con su vida. Al no morir, fue llevado a juicio y condenado a cadena perpetua. La instrucción del caso había puesto en marcha una investigación que destapó algo difícil de creer: la vida de Jean-Claude había sido una gran estafa. Jamás había sido médico. Mentía desde joven, a sabiendas, y a punto de verse descubierto prefirió suprimir a aquellos que le harían sentir la vergüenza por la mentira. El porqué de esta completa autosugestión es un misterio. Lo único que se sabe es que Jean-Claude Romand eligió como tema de examen de bachillerato «¿Existe la verdad?». Su nota fue de 16 sobre 20.

poder, lo utiliza para generar una ola de opinión, falazmente interesada, que implica sufrimiento para los demás. Porque hay demasiadas cosas que no son precisamente ficciones: el anciano que envejece solo, la niña que crece malnutrida o el saqueo de tantos proyectos de vida decapitados a conciencia.

La verdad, que en muchas fases de la historia de las ideas se ha entendido como la correspondencia entre lo que se piensa y la realidad, entre los enunciados y los hechos, ha quedado desprovista de contenido positivo. No hay una realidad completamente dada. Nietzsche lo planteaba así: el ser humano que busque el fondo verdadero de la realidad lo único que hallará es la metamorfosis del mundo con el cual los hombres asimilan, humanizan, adaptan y conforman la realidad que se cree en frente. Entre el sujeto que conoce y el objeto que es conocido no se establece ninguna correlación causal. Lo que se construye es un artificio estético, una traducción humana de experiencias en última instancia inefables. Si hubiere algún pecado original sería el de tomarse demasiado en serio estos constructos: «el hombre mismo tiene una invencible inclinación a dejarse engañar y está como hechizado por la felicidad cuando el rapsoda le narra cuentos épicos como si fuesen verdades».[11]

Las verdades tienen algo de especular, un encuentro y desencuentro de las perspectivas que algunos, con una pretensión excesiva de sabiduría,

---

11   F. Nietzsche, *Sobre verdad y mentira…*, *op. cit.*, p. 35.

sentencian como definitivas acerca del mundo: «Esto es así y no es asá». Es cierto que en algunos casos no dicen falsedades —o solo en parte—, pero ¿agotan toda la verdad? ¿Acaso uno puede salir del lenguaje para decirnos exactamente cómo funciona el lenguaje?

Lo fascinante es que, a pesar de estar completamente limitados por esta condición lingüística, nuestra experiencia muchas veces acierta y se las arregla bastante bien para llevar adelante con éxito su orientación existencial. Hemos llegado hasta el siglo XXI, por ahora. Pero la palabra «verdad» desentraña más cómo funcionamos que cómo se estructura el mundo. «Mundo», que es precisamente una de las ideas regulativas que nuestra razón elucubra, dice Kant. ¿Qué es «mundo» sino una totalidad abstracta de los fenómenos que se dan en él? ¿Qué es la idea misma del ser humano sino la construcción, siempre en movimiento, que todos hacemos de nosotros mismos? ¿Quién se puede atrever a decir, sin atisbo de duda, que se halla en posesión de la verdad?

La filosofía no es un analgésico

Decir que la filosofía no sirve para nada es asumir que en verdad no aporta mucho para saber más del mundo, y todavía menos para encontrar soluciones comprobables y compartibles a problemas reales de la existencia. No nos ayuda directamente a paliar el hambre, las enfermedades o a volar más rápido y con más seguridad. Y es verdad. Pero eso implica tener claro qué es filosofía y por qué queda al margen de disciplinas que sí aportan bienes, de lo cual no estamos tan seguros. Pero es que, además, en esta afirmación hay elementos ideológicos utilitaristas, los cuales, combinados con una concepción positivista del conocimiento, condicionan mucho la conclusión. Unos *a priori* netamente filosóficos, y por ende discutibles, que tratan de liquidar el debate acerca de lo que es o no verdadero. Por eso hemos tratado de discutir la verdad de estas certezas a partir de la noción misma de «verdad», que hemos interpretado como perspectiva y juego de máscaras (Nietzsche).

Por otro lado, hay que señalar que hay toda una tradición filosófica que se remonta a la Antigüedad y que sí considera que la filosofía es un elemento central del cuidado de uno mismo *(cura sui)*. En los textos de Platón, por ejemplo, aparece Sócrates exhortando al conocimiento de uno mismo como principal vía para tener un buen cuidado de sí. Este intelectualismo se interpreta como garantía de un mejor manejo de la vida: conociéndonos mejor tendremos más y mejores posibilidades de cuidarnos con éxito. Posteriormente, en lo que se conoce como el período helenístico, la noción de la *cura sui* fue situada como tema central de la meditación filosófica.

El helenismo es el período histórico que arranca con la muerte de Alejandro Magno, en el 323 a.C., y declina en el siglo I a.C. Fueron casi tres centurias en las que florecieron un conjunto de escuelas filosóficas, denominadas helenístico-romanas, desarrolladas primero en Grecia y luego en Roma, entre las que destacan el estoicismo, el escepticismo, el eclecticismo, el cinismo y el ya referido epicureísmo.

La expansión imperial de Alejandro había popularizado la idea de que el mundo era una gran ciudad, una cosmópolis, dejando atrás el localismo de la polis, la clásica ciudad-estado griega. Con esto se difuminaban las diferencias entre autóctonos y extranjeros, entre griegos y bárbaros, y era el individuo y el modo en que se relacionaba con su entorno lo que pasaba a ser motivo de atención. Por eso las diferentes escuelas desarrolladas en esta época tienen como principal preocupación saber cómo vivir para alcanzar el bienestar. Esta necesidad se acrecentó con la muerte de Alejandro y la consiguiente descentralización del imperio, que acabó dividido en cuatro grandes reinos. Lo que tenía que ser la ciudad del mundo terminó constituyendo un nuevo episodio de luchas intempestivas entre prójimos.

Al igual que los epicúreos, el objetivo principal para los estoicos consistía en alcanzar la felicidad. Para el estoicismo la estructura del mundo era sencilla. Hay dos principios: uno pasivo, que es la sustancia material, y otro activo, que es la razón activa en la materia, la divinidad. La realidad es una sola cosa: materia ordenada, un gran universo orgánico, perfecto en sí mismo, donde lo particular está relacionado con lo universal. La tarea del sabio consiste en conjugar sus propios deseos con los del «destino», con el orden necesario de la totalidad. A veces el mundo converge con los propios deseos, pero en muchas ocasiones eso no es así. Entonces hay que entender que el cosmos siempre es más, porque es Dios mismo, y el orden necesario de los acontecimientos el mejor posible. Para los estoicos, vivir conforme a la naturaleza es vivir conforme al plan necesario de Dios, alineado con la razón del mundo.

Cuidarse es la principal tarea en la vida del estoico, pero en un sentido poco exultante. Conviene adaptar los deseos a la totalidad para no sufrir demasiado. Por eso también se deben mantener a raya las pasiones excesivas que alteran de manera innecesaria el ánimo. El sabio es aquel que domina el arte de la apatía, que es la eliminación y mitigación de toda emoción y elemento indispensable para ser feliz, que consiste en ser impasible frente al mundo.

Uno de los estoicos más importantes fue el cordobés Séneca (4 a.C.-65 d.C.). Hábil orador, llegó a ser senador de Roma y a participar de manera activa en la vida social y política de la gran *urbs*. A Séneca le tocó vivir en un tiempo de agitación y de continuas intrigas y conspiraciones, por lo que acabó condenado al suicidio por el emperador Nerón. Como Sócrates, no tuvo más remedio que afrontar el fatal trance y darse muerte. La obra de Séneca, prolífica y diversa, aborda temas como la felicidad, la ira, la providencia o la muerte, y ha sido muy citada en nuestra tradición cultural. Todavía hoy en día se toma como ejemplo paradigmático de la concepción médica de la filosofía helenística, cuyo objetivo no es otro que la búsqueda de herramientas terapéuticas que curen, o al menos mitiguen, los males del alma humana.[12]

¿Por qué no volver a la visión estoica de la realidad y hacer de la filosofía algo más práctico, útil, en el sentido de que ayude a la erradicación de los males del alma?

En cierto modo eso ya se hace. Hay muchos libros acerca del valor curativo de la filosofía, así como disciplinas «prácticas» —la ética de la empresa, la bioética o las éticas profesionales—. Lo que sucede es que en la mayoría de los casos no asumen una estructura del mundo tan sólida como la que propone el estoicismo. El edificio cosmológico del estoicismo establece una cartografía metafísica a partir de la cual «deduce» una serie de comportamientos. En cambio, estas filosofías aplicadas tienen una pretensión más modesta, van de abajo arriba, sin llegar a dilucidar cuál es la estructura de la realidad. Así que no pueden emular por completo el proceso estoico, pues no asumen que el mundo tiene un orden y una estructura objetiva, estable y que nos es posible conocer. Eso también las hace ser más problemáticas, puesto que se quedan con facilidad en la superficie de las cuestiones que plantean.

12   G. Reale, *La filosofia di Seneca come terapia dei mali dell'anima*, Milán, Bompiani, 2004.

Con la transformación de la filosofía y el pensamiento iniciado con Descartes ya no nos preguntamos cómo vivir conforme a la verdad, sino más bien qué es la verdad. Pedirle a la filosofía recetas de curación para los dilemas existenciales del hombre es presuponer que la filosofía conoce la fórmula de la vida y que esas recetas sirven para todo tiempo y espacio, o al menos para todos los que comparten un tiempo y un espacio. Algo totalmente fuera de su alcance, según lo que entendemos por filosofía. Otra cosa es pedir que esa reflexión sea trasladable a algunos campos concretos de la vida en busca de soluciones, asumiendo que lo que hoy vale aquí, quizá mañana no valga allí.

En general, sin embargo, asistimos a una ambivalencia en relación con la filosofía: por un lado, se la relega cada vez más de los planes educativos y, en una estrecha conexión coste-beneficio, se la margina del plano socioeconómico. Se la difumina de las aulas escolares porque se considera que es un lujo extravagante e inútil para el sistema —como si la erradicación de la filosofía fuera a solucionar de cuajo los problemas del mercado laboral—. Pero, por otro lado, se utiliza como un creciente recurso a causa de sus «servicios profesionales».

Cuando al tratar un tema de calado social o económico aparece un dilema que comporta una incómoda contradicción, rápidamente se busca la voz de un «experto». Y no pocas veces se recurre a uno proveniente de la filosofía, como si de un gurú se tratara. Se espera de él que, desde su posición, dé con la respuesta justa al problema planteado, con la fórmula terapéutica idónea. «Ponga un filósofo en su vida», vendría a ser el lema.

Si viviéramos en un mundo donde todos asumiéramos que la verdad es una y es reconocible, entonces se podrían exigir estos servicios. Aunque ya no sería filosofía, sino sacerdocio y custodia de la verdad. Sin embargo, habida cuenta de la Modernidad y, más aún, de la posmodernidad, la filosofía no puede ser un analgésico de efectos inmediatos. Decir que la tradición de la cura de uno mismo no es propiamente filosófica trasluciría una manera muy dogmática y poco flexible de entender la historia de las ideas. Está claro que es perfectamente asumible y practicable, como demuestran la cantidad de publicaciones que hay al respecto. Y puede que hasta sea necesario para llevar la filosofía a terrenos concretos en los que pueda comprometerse con el fin de mejorar la vida y el mundo. Pero eso no agota la «esencia» de la filosofía.

No es que haya una sola manera de entender la filosofía, obviamente, pero hay un común denominador en la gran mayoría de referentes filosóficos aquí mencionados que nos indican que la filosofía es una manera de entender la vida y sus paradojas que exige algo más que un uso *de bufet* al gusto. Es una actitud y una relación crítica con todo lo que nos rodea. Que eso dé resultados en forma de respuesta segura resulta improbable. Nuestra concepción del mundo no es tan estable ni cognoscible como la de los estoicos.

Naturalmente, cada cual puede acudir a la filosofía como mejor considere, aunque puede que no encuentre lo que busca, pues si bien es cierto que el filósofo debe plantarse de manera constante qué papel tiene en su sociedad y de qué modo interactuar con sus problemas, no lo es menos que en el fondo su postura es eso, una postura. Hay preguntas que todos nos hacemos y que nos sobrepasan por igual. Sobre todo las «existenciales».

La que aquí proponemos es una cosmovisión que se asume finita y con las grandes preguntas por responder, en la que «la razón humana tiene el destino singular, en uno de sus campos de conocimiento, de hallarse acosada por cuestiones que no puede rechazar por ser planteadas por la misma naturaleza de la razón, pero a las que tampoco puede responder por sobrepasar todas sus facultades». Es la ambivalencia que nos constituye, como escribe Kant en el prólogo a la primera edición de la *Crítica de la razón pura*. Y añade: «el campo de batalla de estas inacabables disputas se llama metafísica».[13]

Preguntas como las que me empujaron a interesarme por la filosofía forman parte de este elenco de cuestiones radicales, metafísicas, que tratan de ir a la raíz de las cosas y de la existencia. Y justo por eso permanecen abiertas: ¿por qué existe algo y no más bien nada? ¿Por qué el mundo es así? ¿Hay alguna inteligencia o divinidad que lo haya dispuesto de este modo? ¿Por qué me pregunto estas

13   I. Kant, *Crítica de la razón pura*, Madrid, Alfaguara, 2004, p. 7.

cosas? Uno puede hacer ver que estas preguntas no existen o, simplemente, que su valor es indiferente para su vida. Es perfectamente posible. Pero eso no significa que en realidad no interfieran en nuestra vida o que no formen parte de la experiencia de estar vivo. Más bien se las pospone o reprime, lo que no garantiza que tarde o temprano puedan volver a aparecer y que seguramente lo hagan en momentos de mayor conflicto vital.

«Filosofía» es un sustantivo que remite a una aspiración. *Philo-sophos* significa «ser amigo de la sabiduría», que no sabio. Quien filosofa asume que habita en el estado intermedio que se sitúa entre la ignorancia y el conocimiento. Por eso trata de no hacerse trampas al solitario, participando de la condición nómada de quien filosofa y se cuestiona lo mismo que Poncio Pilato.

Si «el deber de la filosofía consiste en eliminar la ilusión producida por un malentendido, aunque ello supusiera la pérdida de preciados y queridos errores, sean cuantos sean»,[14] entonces la filosofía está por todas partes. Sobre todo en quien se pregunta por su utilidad. Es patrimonio de todos. Es el hábitat inmediato de cualquier experiencia reflexiva, incluyendo la de aquellos tópicos que, tratando de desacreditarla, en el fondo la consuman.

14   Ibíd., p. 10.

Berlín, finales de 1820. Se publican los *Principios de la filosofía del derecho,* de Georg Wilhelm Friedrich Hegel (1770-1831), y queda para la posteridad una de las metáforas más representativas de la historia de las ideas. En su prefacio se compara la filosofía con el mochuelo de Minerva, diciendo que ambas emprenden el aleteo al anochecer. La sagaz ave se asocia a la filosofía por su capacidad de observación, clarividencia en la oscuridad y sigilo, y acompaña las representaciones de Minerva, diosa romana guardiana de la sabiduría y de las técnicas de la guerra, versión importada de Atenea, y una de las divinidades más importantes de la mitología griega.

¿Por qué dar tiempo a la filosofía? Del mismo modo que al día le sigue la noche, la reflexión filosófica sigue a la vivencia de las cosas. Aunque no sincopadamente, como si lo primero fuese una cosa diferente de lo segundo, de manera desligada; ambas van de la mano: la vida se hace experiencia a medida que se la piensa, lo mismo que al día le sigue la noche en el devenir del mismo ciclo, como decíamos antes. Es lo que vemos que es la «historia», un evento, personal o colectivo del que podemos distanciarnos y salir de su irradiación directa para consolidarlo al ponerlo en perspectiva y relación.

La filosofía abre sus alas una vez las cosas dejan de requerir nuestra completa atención, cuando nos dan un respiro y, tomando aire, interactuamos con ellas desde otras perspectivas. Sin la urgencia de lo inmediato, que satura la capacidad de responder. Es el mismo activo que ofrecen las humanidades, esto es, una posibilidad de encontrar relaciones, razones, motivos y ambiciones de manera transversal en las disciplinas del conocimiento.

Como el mochuelo, la experiencia filosófica echa a volar en un espacio y un tiempo concretos, un aquí y un ahora reales. No vaga por los cielos sin haber despegado de algún punto. En una doble pulsión erótica por comprender mejor la realidad que vive y construye, surcando los cielos obtiene dos perspectivas contrapuestas: hacia «abajo», la que distancia y relativiza lo que le sucede, y hacia «arriba», la que constata que siempre hay más horizontes por recorrer. Después, tarde o temprano deberá volver a aterrizar. Es su condición finita, la realidad encarnada que la lleva a poner siempre los pies en el suelo. Pero ya no será más la misma. Ha visto cosas nuevas, algunas insospechadas.

La filosofía es, pues, una actividad cotidiana; parte de la vida para volver a ella. Es su destino y particular manera de relacionarse con ella. ¿Podemos decir que se trata de algo accesorio? Habría que definir antes qué significa «accesorio». No hay duda de que se filosofa mejor con los imperativos de la supervivencia resueltos, de ahí que Marx animara a la filosofía a dejar de interpretar el mundo para

transformarlo. Hay necesidades primordiales que
satisfacer, y no hay excusa para dilatar la empresa. Si
la actitud filosófica sirve para posponer de manera
contemplativa la responsabilidad de hacer que todas
las vidas sean humanas, entonces es corresponsable
de la injusticia más flagrante. Pero esto no comporta, a la fuerza, que la experiencia filosófica vaya
de la mano del confort. Incluso en las condiciones
más duras y apremiantes de la vida hay experiencia
reflexiva. Hay pregunta, hay existencia.

Además, el mundo se transforma de muchas
maneras. Hay diversas y múltiples esferas de conocimiento y progreso que ponen en permanente
cuestión la misma idea de «mundo». Así que reducir
la complejidad de la realidad a un solo parámetro
de análisis puede ser una manera de simplificar las
cosas, pero no de explicarlas mejor. Ni tan siquiera
está claro qué es real y qué es virtual. La tarea de la
filosofía, en esta constelación de saberes, consiste
en colaborar para que las transformaciones que se
operan sean más lúdicas, bellas y humanas. Por
eso no puede ir por libre y vivir en sus castillos
de naipes.

Hubo un tiempo en que la filosofía domina-
ba el ágora. Pero la filosofía no debe entender de
reinados ni linajes. Su afán, y más en el mundo
pluridisciplinar que vamos generando, es el de la
consolidación de una república de los saberes en
la que todas las disciplinas encuentran su espacio
en fraternal convivencia. En especial, las ciencias
experimentales y biosanitarias, uno de nuestros

bienes más preciados y que a día de hoy más determinan nuestra orientación existencial. Sin monarcas a los que rendir pleitesía, el diálogo es su medio de vida, lo que no implica por fuerza llegar al acuerdo. Minerva, diosa de la sabiduría, es también la de las artes de la guerra, así que la razón filosófica es, por propia constitución, polémica, confrontadora, que busca el diálogo e interpela al «otro» para ser ella misma interpelada.

Cada cual encuentra su manera de canalizar las preguntas que lo inquietan; por eso hay filosofía de casi todos los aspectos de la vida: de la ciencia, obviamente, pero también de la religión, de la política, del arte, de las profesiones, de la tecnología, de las relaciones, de la medicina o de cualquier otra disciplina imaginable. Cada uno debe encontrar su canal. De ahí que la filosofía y su historia puedan estimular, sugerir e incentivar la propia senda del pensar, aunque no ofrecer un elenco completo de respuestas. A lo sumo, despierta la pasión por la pregunta y por aprender a vivir en el espacio intermedio del que interroga, del que sabe cosas, pero quiere saber más, del que alza el vuelo en busca de la bóveda celeste sabiendo que los pies están para pisar la tierra.

La *filofobia* es imposible. Sería como eclipsar una parte de nuestra cotidianidad y nuestra especificidad como seres humanos. Cuando uno va caminando por la calle o se traslada en transporte público, por su cabeza se sucede un desfile tremendamente heterogéneo y mezclado de temas, reflexiones e imágenes que contienen elementos «filosóficos»: cómo relacionarse con tal persona, el atractivo que despierta esa otra, lo preocupante de un diagnóstico médico, la complejidad de saber lo que se quiere, lo aburrida que está siendo la lectura de la novela de ciencia ficción que está en la mesita de noche… Es decir, qué es la ética, qué es el amor, por qué debemos morir, por qué conviene (o no) embarrancarse con tantas preguntas o si hay algún límite para el saber científico.

Todos anhelamos cosas parecidas, aunque no de la misma manera. Por eso a la filosofía la mata el dogmatismo: si nada es más humano que filosofar, nada hay más inhumano que monopolizar el pensamiento. Bienvenida sea, pues, el ansia por preguntar y el deseo de saber. Sin miedos, ataduras ni tapujos. Tomarse las cosas con *philo-sophia*; ponernos en la tesitura de ser responsables de ser lo que somos y sobre todo de lo que podemos ser, en el sentido primario del *respondere* latino, que es el de dar respuesta a esta vocación. En definitiva, poder decir con el poeta: confieso que he vivido.

Slavoj Žižek

Comparto la idea de que el acoso público al que se somete a las humanidades, y a la filosofía en particular, no elimina su presencia de la vida real y cotidiana. El planteamiento de este libro es un buen testimonio de ambas cosas. Quieren hacernos ver la filosofía como algo de poca credibilidad, del todo gratuito, lo que sin embargo no la elimina. Si acaso, la obliga a reposicionarse.

La relación entre el cine y la filosofía, como ejemplo de la tradicional relación entre arte y pensamiento, se ha potenciado en los últimos años —también en las aulas y en las facultades— como un oasis para el pensamiento. Reinterpretando productos cinematográficos que en un principio parecían estar destinados al entretenimiento, en estos tiempos críticos para la filosofía en su formato clásico se toma el cine como un nuevo «ágora».

Yo mismo he estado interesado en estas conexiones, dedicando a la cuestión unas cuantas horas de trabajo. Películas como *Memento*, *El árbol de la vida* o, más recientemente, *Langosta* han sido tomadas por producciones filosóficas que ponen sobre la mesa problemas filosóficos clásicos como la conciencia, el mal o el amor. Y seguramente esto irá a más. Aun así, me parece difícil que alguna saga logre las cotas de popularidad que alcanzó *The Matrix,* considerada por el gran público como una producción cinematográfica de «alto contenido filosófico».

Hace unos años ya me referí a ella y reitero lo que entonces dije: siempre me ha parecido extremadamente ingenuo tomar en serio el fundamento «filosófico» de la serie de películas *The Matrix* —*The Matrix* (1999), *The Matrix Reloaded* (2003) y *The Matrix Revolutions* (2003)—. Los hermanos Wachowski —ahora hermanas—, que las escribieron y dirigieron, no son filósofos. Eran solo dos tipos que coqueteaban con —y explotaban, a menudo confundidos— algunas nociones «posmodernas» y de la Nueva Era al servicio de la ciencia ficción. Pero *The Matrix* es una de esas películas que funcionan como una especie de prueba de Rorschach, poniendo en marcha el proceso universalizado de reconocimiento, como la proverbial pintura de Dios que siempre parece mirarte directamente, con independencia del lugar desde el que lo mires.

Mis amigos lacanianos me dicen que los autores deben haber leído a Jacques Lacan. Los partidarios de la Escuela de Frankfurt ven en *The Matrix* la encarnación extrapolada de la *Kulturindustrie,* que de manera directa conquista, coloniza nuestra vida interior y la utiliza como fuente de energía. Los secuaces de la *New Age* reconocen en la película algunos de sus puntos fuertes: que nuestro mundo es solo un espejismo generado por una gran

Mente, global, encarnada en la *World Wide Web*. Mientras que otras perspectivas ven la serie como una ilustración barroca de la caverna de Platón, en la que los humanos comunes y corrientes somos prisioneros, atados firmemente a nuestros asientos y obligados a observar la oscura representación de lo que falsamente consideramos que es la realidad —en suma, la posición de los espectadores del cine ensimismados, como ya se ha dicho en este libro antes, en relación con el famoso mito de la caverna y su relación con el eros.

Una versión más reciente de este juego de espejismos sería la tesis de Arthur Schopenhauer de que el mundo es una representación y nada más. Una representación que esconde una terrible verdad. Pero, en todos estos casos, la búsqueda del supuesto contenido filosófico de *The Matrix* es un señuelo, una trampa que hay que evitar. Tales lecturas proyectan en la película refinadas distinciones conceptuales filosóficas o psicoanalíticas que son muy inferiores a lo que realmente vi en *The Matrix*. Han pasado unos cuantos años, pero recuerdo perfectamente que tuve la oportunidad única de sentarme cerca de un hombre de unos 20 años que estaba tan absorto en la película que en más de una ocasión molestó a otros espectadores con exclamaciones del tipo: «¡Dios mío, guau, así que no hay realidad! ¡Así que todos somos marionetas!». Había hecho un descubrimiento radical, metafísico.

Sin embargo, lo interesante es observar las películas de *The Matrix* no como un discurso filosófico consistente, sino como una representación, aquí sí, de sus mismas inconsistencias, de los antagonismos de nuestra situación ideológica y social. ¿Cuál es, pues, la Matrix? Simplemente lo que Lacan llamó el «Gran Otro», el orden simbólico virtual, la red que estructura la realidad para nosotros. El «Gran Otro» es lo que mueve los hilos; el sujeto no habla, el sujeto «es hablado» por la estructura simbólica. Este «Gran Otro» es el nombre de la sustancia social, de modo que el sujeto nunca domina por completo los efectos de sus actos. Su actividad es siempre algo distinto de lo que apuntaba o anticipaba. Y las inconsistencias de la narrativa de la película reflejan a la perfección las dificultades de nuestra tentativa de ruptura de las ataduras y presiones de la sustancia social.

Cuando Morfeo —un *hacker* informático— intenta explicarle a Neo —otro pirata informático que parece sospechar desde el principio que el mundo no es lo que parece— qué es la Matrix, vincula su perplejidad «existencial» al fracaso de la estructura misma del Universo: «Lo que sabes no lo puedes explicar, pero lo sientes. Lo has sentido toda tu vida. Hay algo malo en el mundo. No sabes lo que es, pero ahí está, como una astilla en tu mente que te vuelve loco». Hacia el final de la primera película, Smith, el agente policial de Matrix, da una explicación mucho más freudiana, en consonancia con las dinámicas internas que para el médico vienés se daban en el interior del sujeto en la construcción de su experiencia: «¿Sabías que la primera Matrix fue diseñada para que fuera un mundo humano perfecto? ¿Un lugar donde nadie sufría, en el cual todos erais felices? Pero fue un desastre. Nadie aceptaría el programa. [...] Como especie, los seres humanos definen su realidad a través del sufrimiento y la miseria». El *thanatos*.

La imperfección de nuestro mundo es a la vez el signo de su virtualidad y el signo de su realidad. Vinculado a esta inconsistencia se encuentra el estatus ambiguo de la liberación de la humanidad anunciada por Neo en la última escena de la primera película. Fruto de la intervención de Neo hay un «fallo de sistema» en Matrix. Contemporáneamente, Neo se dirige a la gente todavía atrapada en ella como el salvador que les enseñará a liberarse de las cadenas de Matrix. A pesar del paralelismo superficial, la liberación no será la misma que la de la caverna de Platón: aquí serán capaces de quebrar sus leyes físicas, doblar metales, volar por el aire.

Pero hay un problema. Todos estos «milagros» solo son posibles si se permanece dentro de la realidad virtual sostenida por Matrix y, simplemente, se lleva a cabo una modificación de sus reglas. Nuestro estado «real» sigue siendo el de esclavos. Estamos, por así decirlo, ganando más poder para cambiar nuestras reglas mentales penitenciarias. Entonces, ¿qué hay de salir de Matrix por completo y formar parte de la «realidad real», en la cual somos criaturas miserables que viven en la superficie destruida de la Tierra? ¿Es quizá la solución una estrategia posmoderna de «resistencia», de «subvertir» o «desplazar» de manera indefinida el sistema de poder, o puede ser un intento más radical de aniquilarlo?

Recordemos otra escena memorable en la que Neo tiene que elegir entre la píldora roja o la azul. Su elección es radical, entre la Verdad y el Placer: o el despertar traumático a la realidad o persistir en la ilusión regulada por Matrix. Neo escoge la Verdad —en contraste con el personaje más despreciable de la película, el informante de los rebeldes, que toma con su tenedor un jugoso pedazo de carne roja y dice: «Ya sé que este bistec no existe. Sé que Matrix le está diciendo a mi cerebro que es jugoso y delicioso. Después de nueve años, ¿sabéis de qué me doy cuenta? La ignorancia es felicidad»—. Algo muy poco socrático y mucho más freudiano, por ahondar en la comparación que ha propuesto Seguró en el primer capítulo de este libro. Sigue el principio del placer, que le muestra que es preferible permanecer dentro de la ilusión a pesar de saber que se trata solo de una ilusión.

La elección no es tan simple. ¿Qué es exactamente lo que ofrece Neo a la humanidad al final de la película? No un despertar directo al «desierto de lo real», sino una libertad flotante que transita por una multitud indefinida de universos virtuales. En lugar de ser simplemente esclavizados por Matrix, uno puede liberarse aprendiendo a modificar las reglas de nuestro universo y así lograr volar o vulnerar las leyes físicas. La elección no es entre la verdad amarga y la ilusión placentera, sino entre dos modos de ilusión. El traidor está atado a la ilusión de nuestra «realidad», dominada y manipulada por Matrix, mientras Neo ofrece a la humanidad la experiencia del universo como una especie de patio de recreo en el que podemos jugar a una multitud de juegos, pasando libremente de uno a otro, acomodando las reglas que determinan nuestra experiencia de la realidad. Un bufet libre de sensaciones.

La saga *The Matrix* representa esta dualidad, esta lucha irreconciliable entre dos modelos de relación con lo que llamamos «mundo»: la entrega al juego de espejismos que redoblan el narcisismo placentero o la entrega a una estratagema de valores salvíficos que recuperan la idea mesiánica del salvador. En ambas posibilidades el individuo está sometido, entregado a los intereses de «otro». Por eso a lo que en última instancia apuntan las inconsistencias que se ejemplifican en la película es a los antagonismos de nuestra experiencia social capitalista tardía, a las dualidades básicas de nuestro medio: la realidad y el dolor —la realidad aparece como aquello que perturba el reinado del principio del placer—, y la libertad y el sistema —la libertad solo es posible dentro de un sistema que impide su despliegue completo—. Con todo, la verdadera fuerza semántica última de la película se encuentra en otro nivel. Su impacto único reside no tanto en su tesis central —lo que experimentamos como realidad es una realidad artificial generada por Matrix, la megacomputadora directamente conectada a todas nuestras mentes—, sino en la imagen central de millones de seres humanos que llevan una vida claustrofóbica en cunas cubiertas de agua y que son mantenidos con vida con el único propósito de generar electricidad. Por eso cuando alguna persona «despierta» de su encarcelamiento onírico, su despertar no significa la apertura al amplio espacio de la realidad externa, sino la toma de conciencia de la horrible realidad de este recinto, en el cual cada uno de nosotros queda retratado como un organismo fetal, inmerso en líquido amniótico.

Esta pasividad absoluta es la fantasía que sostiene nuestra experiencia consciente como sujetos activos, autodeterminados. Es la fantasía perversa fundamental, la noción de que somos en última instancia instrumentos al servicio del gran placer de Matrix, que succiona nuestra sustancia vital como si fuéramos sus baterías. Esto nos lleva al verdadero enigma libidinal: ¿por qué Matrix necesita energía humana? La solución es puramente energética y, por supuesto, carente de sentido: Matrix podría haber encontrado con facilidad otra fuente más confiable de energía, que no habría exigido el arreglo tan extremadamente complejo de una realidad virtual coordinada para millones de unidades humanas. La única respuesta plausible es que Matrix se alimenta del goce humano. De modo que reaparece la tesis lacaniana, que apunta a que el «Gran Otro», lejos de ser una máquina neutra y anónima, tiene una necesidad constante de placer, proporcionado en este caso por quienes la definen y la constituyen.

The Matrix Reloaded propone, o mejor dicho, conjuga una serie de maneras de superar las inconsistencias de su precuela —una precuela es una obra artística cuya historia precede a la de una obra inicial y central—. Pero al hacerlo se enreda en nuevas inconsistencias internas, algunas de ellas nada accidentales. Por ejemplo, el final de la película es abierto e indeciso no solo a nivel narrativo, sino también en relación con su visión subyacente del universo. El tono básico es el de complicaciones adicionales y sospechas que hacen problemática la ideología simple y clara de la liberación de Matrix que atraviesa la primera película. El mesianismo, y sobre todo el sentido binario de su realización escatológica (salvación, condena), tiene unos contornos formales claros. Pero en este caso el sentido dual queda difuminado.

Eso sí, el ritual comunitario extático de la gente en la ciudad subterránea de Sión no puede sino recordar una reunión religiosa fundamentalista. Las dudas también se ciernen en torno a las dos figuras proféticas clave. ¿Son verdaderas las visiones de Morfeo, o es un loco paranoico imponiendo impúdicamente sus alucinaciones? Neo no sabe si puede confiar en el Oráculo, una mujer que prevé el futuro: ¿también está manipulando a Neo con sus profecías? ¿Es ella una representante de la parte «buena» de Matrix, en contraste con el agente Smith, que encarna la tiranía, un virus desbocado y sin freno, que trata de evitar ser eliminado (borrado del sistema) multiplicándose a sí mismo?

¿Y qué decir de los crípticos pronunciamientos del arquitecto de Matrix, el programador de su *software,* su Dios? Él informa a Neo de que en realidad está viviendo en la sexta versión mejorada de Matrix: en cada una de ellas ha surgido una figura salvífica, aunque los intentos de liberar a la humanidad terminaran en una catástrofe a gran escala. ¿Significa eso que la rebelión de Neo, lejos de ser un acontecimiento único, es solo parte de un ciclo mayor de perturbación y restitución del Orden?

Al final de *The Matrix Reloaded* todo se halla entre interrogantes: la cuestión no es solo si las revoluciones contra Matrix pueden lograr lo que se proponen o, por el contrario, están destinadas a desvanecerse por medio de una orgía de destrucción, sino si incluso esto último no ha sido considerado, cuando no planeado, por la propia Matrix. ¿Están aquellos que han sido liberados de Matrix libres de hacer una elección, en términos absolutos? ¿Qué solución queda ante el riesgo inevitable: arriesgarse a la rebelión absoluta, resignarse a jugar los juegos locales de «resistencia» dentro de la Matrix, o quizá participar en colaboración con las «buenas» fuerzas de la misma Matrix? En este punto termina *The Matrix Reloaded,* esto es, en un fracaso del «mapeo cognitivo» que refleja a la perfección la triste situación de alguna izquierda aún a día de hoy y su lucha contra el sistema. Tras la victoria de Trump en Estados Unidos, la izquierda tímida y amiga de los buenos del sistema debe plantearse realmente qué quiere: transformar el sistema o convivir de la mejor manera posible con él.

Un nuevo giro en la trama aparece al final de la película, cuando Neo, por arte de magia, detiene a los malévolos calamares mecánicos que atacan a los seres humanos simplemente levantando la mano. ¿Cómo puede lograr esto en el «desierto de lo real» y no dentro de Matrix, donde, por supuesto, él puede hacer maravillas? ¿Esta inexplicada incoherencia indica que «todo lo que hay es generado por Matrix», que no hay una realidad última? Aunque debe rechazarse tal tentación posmoderna —la manera fácil de salir de la confusión ontológica—, hay una comprensión correcta en esta complicación de la simple y recta división entre la «realidad real» y el universo generado por Matrix. Incluso si la lucha tiene lugar en la «realidad real», la lucha resolutiva se va a tener que ganar dentro de Matrix, motivo por el cual los rebeldes humanos vuelven a entrar en su universo virtual.

En términos de la buena y vieja dinámica marxista infraestructura/superestructura: uno debe tener en cuenta la dualidad irreducible de que, por un lado, los procesos socioeconómicos materiales «objetivos» tienen lugar en la realidad, así como que, por el otro, se halla en su propio proceso político-ideológico. ¿Qué pasa si el dominio de la política es inherentemente «estéril», un teatro de sombras, y aun así crucial en la transformación de la realidad? De este modo, aunque la economía es el sitio real y la política un teatro de sombras, la lucha principal debe ser combatida en la política y en la ideología.

Consideremos, para concluir, la desintegración del poder comunista en Europa del Este en los últimos años de la década de los ochenta. Aunque el principal acontecimiento fue la pérdida real del poder estatal por parte de los comunistas, la ruptura crucial se produjo en un nivel diferente, es decir, en esos momentos mágicos en los que, aunque formalmente los comunistas todavía estaban en el poder, la gente de repente perdió su miedo y ya no tomó las amenazas del Estado en serio. Por lo tanto, incluso aunque las batallas «reales» con la policía continuaban, todos, de alguna manera, sabían que el «juego» había terminado.

El título *The Matrix Reloaded* es, por lo tanto, bastante apropiado: si la primera parte estaba dominada por el deseo impetuoso de salir de Matrix, de liberarse de su dominio, la segunda deja claro que la batalla tiene que ser ganada dentro de Matrix, de modo que uno tiene que volver a ella. De esta forma, los guionistas redoblaron las apuestas de la serie *The Matrix,* confrontándonos con toda una serie de complicaciones y confusiones de la política de liberación. Y se situaron a sí mismos en una encrucijada de difícil solución, enfrentando una tarea casi imposible. La tercera parte, *The Matrix Revolutions,* se vio abocada a tener éxito con un final feliz, a tener que producir nada menos que la respuesta «necesaria» a los dilemas de la política revolucionaria de hoy, un modelo para el acto político que la izquierda busca desesperadamente para sí.

Nos queda la idea de este espacio intermedio. La filosofía, y también el cine, son expresiones de la tensión existencial, social y política. Ahondan, o deberían hacerlo, en este espacio ambiguo donde lo virtual y lo real se entrecruzan, dando pie a la matriz misma del ser. Una matriz de la que hay que tomar conciencia para hacer que la incomodidad que produce pueda ser mitigada, hacerla habitable. El cómo depende de cada uno de nosotros, de «nosotros» como comunidad.